21世纪经济学管理学系列教材

政治经济学

Political Economics

王今朝　编著

WUHAN UNIVERSITY PRESS
武汉大学出版社

总　序

一个学科的发展，物质条件保障固不可少，但更重要的是软件设施。软件设施体现在三个方面：一是科学合理的学科专业结构，二是能洞悉学科前沿的优秀的师资队伍，三是作为知识载体和传播媒介的优秀教材。一本好的教材，能反映该学科领域的学术水平和科研成就，能引导学生沿着正确的学术方向步入所向往的科学殿堂。作为一名教师，除了要做好教学工作外，另一个重要的职能就是，总结自己钻研专业的心得和教学中积累的经验，以不断了解学科发展动向，提高自己的科研和教学能力。

正是从上述思路出发，武汉大学出版社准备组织一批教师在两三年内编写出一套《21 世纪经济学管理学系列教材》，同时出版一批高质量的学术专著，并已和武汉大学经济与管理学院达成共识，签订了第一批图书的出版合作协议，这是一件振奋人心的大事。

我相信，这一计划一定会圆满地实现。第一，合院以前的武汉大学经济学院和管理学院已分别出版了不少优秀教材和专著，其中一些已由教育部通过专家评估确定为全国高校通用教材，并多次获得国家级和省部级奖励，在国内外学术界产生了重大影响，对如何编写教材和专著的工作取得了丰富的经验。第二，近年来，一批优秀中青年教师已脱颖而出，他们不断提高教学质量，勤奋刻苦地从事科研工作，已在全国重要出版社，包括武汉大学出版社，出版了一大批质量较高的专著。第三，这套教材必将受到读者的欢迎。时下，不少国外教材陆续被翻译出版，在传播新知识方面发挥了一定的作用，但在如何联系中国实际，建立清晰体系，贴近我们习惯的思维逻辑，发扬传统的文风等方面，中国学者有自己的优势。

《21 世纪经济学管理学系列教材》将分期分批问世，武汉大学经济与管理学院教师将积极地参与这一具有重大意义的学术事业，精益求精地不断提高著作质量。系列丛书的出版说明，武汉大学出版社的同志们具有远大的目光，认识到，系列教材和专著的问世带来的不只是不小的经济效益，更重要的是巨大的社会效益。作为武汉大学出版社的一位多年的合作者，对这种精神，我感到十分钦佩。

谭崇台

出版说明

一、为什么要学习政治经济学

经济学是研究重大经济利益的科学。经济与权力、战争是密切联系在一起的。想要消灭特权和战争，就必须消灭产生它们的经济基础。在战争年代里，分清敌友是革命的首要问题，在和平年代里，如果不清楚经济发展可以信任谁、依靠谁，如果中国经济发展道路被西方主导了，则中国的经济发展还未开始，就已经未战先输了。毕竟，在帝国主义、军国主义和法西斯主义被苏联、中国等国打败之后，新殖民主义、新自由主义等又兴起了。全球化和反全球化的话语替代了帝国主义与反帝国主义的话语。和平演变虽然与武装入侵的形式不同，但目的无异。本书对马克思主义政治经济学的介绍试图融入中国的经验，介绍在中国经济社会发展的进程中“谁是真正的敌人”、“打倒敌人所需要的战略是什么”以及“胜利之后取而代之的应该是怎样的社会”。

马克思的《资本论》和列宁的《帝国主义论》能够很好地服务于上述的目的。《资本论》的逻辑结构是从商品的属性（使用价值和价值）和数量的衡量（劳动价值论）展开的。它展现了马克思的这种观点：商品是由资本支配下的劳动生产出来的，资本由于其支配地位获取了其剩余价值。剩余价值率成为资本家追求的一个目标。资本的积累不断加强其剩余价值的获取。然而，价值的创造和剩余价值的榨取本身有着巨大的矛盾：无产阶级的贫困化和平均利润率的下降。竞争的需要要求技术进步，但技术进步会导致资本有机构成的提高，导致平均利润率的下降。如果不出现技术进步，资本主义生产的周期性危机是必然的。这种周期性的危机显示，一个更好的社会制度正在等待取代资本主义。马克思《资本论》的这些要义在本书中得到了较为充分的展现。本书第二至六章主要在第一章所设定的框架和方法论的基础上呈现马克思在大英图书馆阅读大量文献、分析大量数据以及用他自己的唯物辩证法重组、改造英国古典政治经济学基础上形成的马克思主义政治经济学。第七、八章主要呈现列宁的帝国主义理论。第九章是前面八章内容的逻辑延伸。

学习马克思主义政治经济学是非常必要的！它或许是你不受其他经济学理论欺骗的唯一的保障！理解这种经济学是理解众多社会科学学科如政治学、管理学、历史学和西方经济学的基础，是你在遇到、辨析错误观点时需要掌握的工具，也是中国建设社会主义的理论基础。比如，一种较具有代表性的观点认为，资本主义并不坏，只是企业拥有了过大的权力，只要再多考虑一些政治与经济的平衡，督促企业自律就可以了。只有具备马克思主义政治经济学的知识，对于这样的观点你才能有较高的免疫力。

二、本书的特色

在武汉大学双一流建设马克思主义青年团队项目资助下，本书致力于展现政治经济学的逻辑。在这个指导思想的支配下，本书有如下特色：

马克思的表述是相对封建社会的角度产生的对于资本主义的陈述，但他的表述许多也适用于社会主义社会。习近平总书记指出，马克思主义没有过时。本书也照顾到政治经济学对中国的适用性。这就使得本书具有在社会主义和资本主义的共性和特性的框架下来进行阐述的成分，这是本书不同于以往政治经济学教科书的一个特色。

笔者致力于编著一本反映时代的政治经济学教材，本书不是马克思的语录，只在必要和恰当的情况下引用马克思的话语。有人认为，教科书只能包含那些公认的内容。笔者对此并不认同。在笔者看来，教科书既要教给学生必要的基础知识，又要能把学生带到知识的前沿。马克思和列宁的一些概念是在一百多年前的历史条件下形成的，现在应该用更加容易被接受的语言来进行转化。本书不少地方所使用的语言和组织有自己的特色。

本书大量引用了当代的材料，这是因为本书需要涵盖资本主义的最新发展。对于绝大多数学生来说，在他们的一生中，没有继续从事研究生学习和进行大量专门研究的机会，但他们在日常生活中也必然遇到各种前沿问题。教科书对于这些前沿问题应该做出具有探索性的表述。比如，在对垄断同盟和特定企业的介绍方面的一些知识是在笔者目前的知识范围内合成的。如列宁写《帝国主义论》一样，我使用了最新的一些材料，但理论的本质依然是马克思列宁主义的。在写这些章节的时候，我体会到了马克思所说的那句话，即他的理论其实是一种方法，因为他清晰地明白理论都是随着时代变化而变化的。在处理知识前沿问题时，我们只能去追求相对真理。这种追求为读者探求绝对真理提供了一种基础，因而笔者不揣浅陋，大胆提出这些表述。本书的这个特点也启发感兴趣的读者通过网络进一步搜集相关的信息和资料来加以研究，这是掌握政治经济学所需的一个基本功。

本书也没有完全遵循传统教科书那种按部就班、循序渐进地介绍政治经济学的基本概念的撰写方式。比如，在还没有介绍资本的章节，我们就使用了这个词汇。原因在于，对政治经济学做出合乎新时代需要的系统表述要求我们越早呈现它的社会表现越好。只有这样，才能逐步引导到理论的创建。今天的学生的能力已经很强了，在未接触科学的概念之前，接触一些词汇不会导致思维的混乱，反而会使他们通过前后对比培养起逻辑思维的能力。

由于有以上创新，本书可能会被一些学者所排斥。笔者并不否认，本书会存在这样那样的问题，甚至是错误，但笔者相信，即使可能有不妥之处，它们也不至于影响本书框架和基本理论的科学性，而且这样做有充分的理由。但是笔者对于批评的态度是开放的。

三、关于本书的引用的说明

本书第四至六章中一些地方的常规内容参考、引用了卫兴华、杨达伟主编的《马克思主义政治经济学原理》（武汉大学出版社 1999 年版）。本书在其他引用较多的场合一般会加注。加注可能意味着在上下文中都可能引用了其他学者的表述。在只引用一两个段落的场合下，本书可能就没有明显加注了。这并不意味着笔者要对这些内容宣称所有权。对此，本书的“编著”一词已经做了澄清。

本书引用了一些网络资料。在涉及具体企业名称的场合，作者一般加了资料的网络出处。由于今天世界上网络资料出处的真实性相比传统出版物的真实性较弱，因此，读者在阅读这些材料时只能把它们作为理解政治经济学原理的一种工具，认为这些情况是现实世界的一种可能，尽管并不一定真的发生在所提及的那些企业中。从这个角度看，这些资料的真实性程度对于理解政治经济学基本理论是足够的。在当代经济学实践中，理论是高度抽象的，甚至是寓言化的。一些经济学著作甚至引用文学作品中的文字来佐证自己的观点。从这个角度看，笔者在一些情况下并没有追求绝对的真实是可以理解的，也是符合经济原则的。

最后的声明是，本书确实包含作者许多“著”的成分。对此，读者只要对比不同版本的政治经济学教科书就会发现。

目　录

第一章 绪 论

第一节 政治经济学的产生与发展

一、政治经济学的产生

人类要生存，就需要有供吃、穿、住、行等的消费资料。这是人类孜孜以求的财富。因为有了它们，人口就可以繁衍、增长，种族、民族和国家就能繁荣昌盛。追求这些财富有很多方法，掠夺其他民族就是一种常见的方法，至今还为一些国家所使用。在一个国家内部，“经邦济世”、“经世济民”总是会或多或少地受到统治者的关注。一个大的家族也会对组织和管理等感兴趣。从古至今，所有的经济（财产的获得、保护、分配、节约性的管理和数量的增长等）都离不开政治。政治经济学（political economy）这一术语鲜明地体现了政治对经济的影响。如果你相信经济学具有深刻的政治属性，你就不会赞成纯经济学和以纯经济学面貌出现的所谓现代经济学的概念了。这可能使你避免在纯经济学的圈子里兜十几年甚至一辈子，还避免你误人子弟。

政治经济学一词是由政治、经济、学三词焊接而成的一种全新事物。作为一种学问，它不是一个政治因素与经济因素的混合物，而是体现了政治因素与经济因素不可分割关系的化合物。它是一种从整体层面上把握社会经济制度的学问。诸多西方学者都探讨过这种化合物，但不同学者用这个词所表示的化合物并不相同（老子说的“名可名，非常名”，就是指一个事物可以给它取一个名字，但这个名字所具有的内涵并不是保持不变的）。马克思所炼出的化合物比其他人所炼出的化合物好多了。马克思所炼出的这个化合物对被剥削、被压迫阶级是良药，而其他人所炼出的化合物对被剥削、被压迫阶级则可能是毒药了。所谓剥削，就是一个人、一个群体、一个阶级在经济上剥夺另一个人、另一个群体、另一个阶级本来可以得到的利益。借用西方一个不太严谨的经济学术语来说，剥削是使被剥削者承担巨大机会成本的行为。再用西方的福利经济学话语来说，在不被剥削的情况下，原来的被剥削者能够得到解放，能够享受到更大的福利。如何消除剥削因此无疑是一个社会的最重大经济问题之一。马克思主义认为，人类历史基本上是阶级斗争的历史。在经济上，阶级斗争当然是围绕剥削与反剥削展开的。理解人类历史和理解当代世界，就不得不理解剥削产生的过程、表现形式、内在矛盾。简言之，如果我们说，自人类有史以来的历史都是阶级斗争的历史，那么，就可以说，有史以来的任何经济学都必然是政治经济学。

二、政治经济学的发展

在14世纪和15世纪，西欧一些封建社会、国家走向末期，① 资本主义生产方式萌芽和发展了。它首先表现在海外探险（掠夺）、商业和海外贸易的发展等活动上。西欧国家都很狭小，出门即遇见其他“国家”。狭小的国家往往资源有限。为了获得更多的资源，它们就开始对外扩张。围绕这些活动，在英国出现了第一种资产阶级政治经济学：重商主义。这种政治经济学错误地认为，金银货币是财富的唯一形态，一切经济活动的目的就是为了获取金银，为此错误目的，它正确地主张强烈的政府干预，尽管它所主张的政府干预的具体措施也并不一定是科学的。

随着生产力的发展，流通过程对于解释财富产生根源的观点的局限就暴露出来了。这时，一个英国人，亚当·斯密（1723—1790年），提出了产品生产的社会财富观。也就是，他认为，只有生产才能产生财富，流通（买卖）并不产生财富。这无疑是正确的。他因此也赞成早已有人提出的劳动价值论。但他错误地认为，无需政府（干预），一只看不见的手就能引导资产阶级在追逐自己的私利时实现社会利益。斯密很显然是反教会、反封建的，因为按照他的观点，上帝就不重要了，政府也不重要了，这使得他的观点具有历史的进步性。然而，从现代的观点看，他的看不见的手实质上是资产阶级的代名词。他实际要表达的观点就是，资产阶级能够引导他们在追逐自己的私利时实现社会利益。因此，他赞成自由放任，而反对政府干预。

斯密擅长总结、描述，而不善于演绎。一个更擅长演绎的人物大卫·李嘉图（1772—1823年）改进了斯密的（劳动价值）理论，对资本主义制度做了进一步的，现在来看其实并不能经得起逻辑推敲的论证。李嘉图因为一个今天来看很小的疾病去世了。在他之后，他的理论学派迅速解体了。他和斯密都没有看到资本主义经济危机，没有看到无产阶级作为独立政治力量登上历史舞台，为新的社会主义制度提供的可能性。这个任务是哲学水平、逻辑思维能力、辛劳程度都远超他们的马克思完成的。马克思花了四十年时间完成了《资本论》第一卷的出版，并在经历长期辛苦、复杂的劳动后实在完不成第二卷、第三卷的工作，只能由他的朋友恩格斯代劳了。他夭折了几个孩子，在他逝世的前两年，陪伴他一生的妻子也因癌症离世了。当时的英国和德国对于这样一位大思想家所提供的保障实在是十分悭吝。

马克思和恩格斯批判地继承了古典政治经济学中的科学因素，搜集和研究了资本主义发展历史的大量材料，详细地分析了前人未曾分析的资本主义二元对立的经济结构，揭示了它的运动规律。这个分析可能早就蕴含在马克思的哲学观里了。在这种哲学观看来，事物是对立统一的，资本主义社会也是如此。现实中的资本主义夹杂着其他许多非本质的因素（如地主阶级、农民阶级、政府）。马克思的《资本论》抽象掉了这些非本质的因素，着力于研究一种理想型（即典型）的资本主义。马克思为此在前人基础上创建了科学的劳动价值论，并以此为基础，创立了剩余价值学说，深刻地揭露了资产阶级剥削无产阶级

① 作为国家的德国在当时还远未形成。在本书中，有时为了论述的方便，我们没有区分国家与社会。

的秘密，揭露了无产阶级和资产阶级对立的根源。马克思的《资本论》一出版，就使政治经济学产生了根本变革，被当时的欧洲无产阶级看作自己的圣经。马克思主义政治经济学解决了前人未曾解决的问题，创立了新的经济范畴（如剩余价值），揭示了社会经济发展的规律，使政治经济学产生了划时代的变革，使政治经济学与实践有了最紧密结合的可能性，使经济落后国家在他的学说中第一次系统地看到了民族的光明。

马克思的研究既是具体的（即主要是对资本主义的研究），也是抽象的，因为他抽象出了一个生产力—生产关系的分析框架。从资本主义社会出现的角度，他首次提出物质因素（生产力）的第一位的作用，不以人的意志为转移，但他也指出了意识（例如对生产关系的意识）对物质的反作用。在落后国家建设社会主义是意识的反作用可能对物质起重大作用甚至起决定作用的表现。他第一次从一切社会关系中划分出生产关系，指明它是一切社会关系中最根本、最本质的关系；第一次明确指出政治经济学所要研究的不是物，而是物的表面掩盖下的人与人之间的关系，这种关系在阶级社会中表现为阶级与阶级之间的关系。马克思主义政治经济学用生产力—生产关系的框架解释了人类社会各个发展阶段上支配物质资料生产、交换以及与之相适应的产品分配的基本规律。从此，生产力—生产关系的框架成为分析所有社会的最基本的框架。按照这一框架，不同社会是在不同生产力和不同生产关系的组合中存在的。

马克思主义政治经济学代表无产阶级利益，而由于无产阶级占人数的大多数，它成为唯一的实现了科学性和阶级性的统一的经济学。按照马克思的主张，在20世纪，为了实现生产关系的变革，暴力革命就不可避免了。列宁和毛泽东都深受马克思的鼓舞，把改造社会的历史重任放在了社会被压迫、被剥削、被鄙视的阶级的身上，放在了枪杆子里出政权上。他们取得了令他人难以望其项背的成功！

第二节　政治经济学的研究框架

生产力和生产关系是政治经济学的基本研究框架。人们要生存和发展，就需要有吃、穿、住、行等方面的物质生活资料。在物质资料的生产过程中，人们既要同自然界发生关系，又要在人和人之间发生一定的关系。前者表现为生产力，后者表现为生产关系。不同社会所生产的物质资料不同，生产的关系也不同。生活资料需要生产出来，需要有分配、交换和消费。一个社会是用怎样的方式生产的？生产与分配、交换和消费的关系是什么？它们之间的本质的共性、联系是什么？需要用什么概念来进行研究？需要的方法是什么？一种既有的生产方式是否会永久性地存续下去（在资本主义社会，就是资本主义是否会永续）？这些构成政治经济学的基本问题。

本书后面会详细地说明，生产力和生产关系是辩证的对立统一体，它们统一于每一个企业，每一件商品。这些对立统一的总和构成社会。社会因此也是生产力和生产关系的统一体。但是当下，我们需要在这些复杂的统一体中分别地提取出生产力和生产关系的概念加以说明。

一、生产力

生产力是指劳动生产力。孤立地说，生产力是劳动者生产物质资料（包括服务）的能力，它表示劳动者改造自然和征服自然的水平，反映劳动者和自然界的关系。生产力既包括劳动者的因素，又包括物的因素，还包括管理、科学技术等其他因素。马克思写道："劳动生产力是由多种情况决定的，其中包括：工人的平均熟练程度，科学的发展水平和它在工艺上应用的程度，生产过程的社会结合，生产资料的规模和效能，以及自然条件。"①

劳动者的因素，是指有一定生产经验、劳动技能和科学知识的劳动者。劳动者的因素在生产中起着最根本的作用。这一点将在第二章得到鲜明的体现。

劳动过程是劳动者运用劳动资料把自己的劳动能力和劳动经验用于改造劳动对象的过程。劳动对象是指人们把自己的劳动加于其上的一切东西，也就是劳动加工的对象。它分为两类：一类是天然存在的，比如矿藏、原始森林等自然物，它的具体的形态包括原材料；另一类是劳动的生产物，如棉花、砖瓦等。在资本主义社会，生产出来的机器是劳动资料，正在制造中的机器是劳动对象。劳动资料（或劳动手段）是人们用来影响或改变劳动对象的一切物质资料，它包括生产工具、建筑物、道路、检验衡量工具、容器等。在资本主义社会，大机器是劳动资料的主要构成，是资本主义生产方式的主要物质基础。劳动对象和劳动资料构成生产力中物的因素，它们被统称为生产资料。

在当代资本主义社会生产中，科学技术、管理的作用进一步提高了。科学技术会作用于生产力中劳动者的因素和物的因素，从而发挥一种普遍的中介性作用。科学技术越是广泛地运用于生产，越是深刻地渗透到生产力的要素中，就越能提高生产力水平。生产力水平的提高既可以体现在生产新产品上，也可以体现在发现新生产方法上，它们都叫作发明。发明可以分为划时代发明和一般发明。诸如蒸汽机、铁路、汽车、电和计算机这样的动力、能源、运输工具、计算工具（芯片、存储器）、通信领域的划时代发明不仅直接吸收（大量）资本，而且创造出大量的投资机会（这可以被称为联系效应），对经济活动的地理位置、产品的构成甚至国家安全、民族命运都会产生重大的影响。划时代发明所创造出的投资机会可能远远大于它所直接吸收的大量资本。每一个划时代的发明往往带来巨大的生产力增长，也带来巨大的经济剩余的增长。现代社会为了生产力的发展往往去建立现代大学、研究机构，私人企业为了得到私人利润，也往往建立研发部门。但是，社会不会接连不断地出现划时代的发明。

当代发达国家生产力的高度发展离不开管理的发展。管理会通过影响给定的人财物的配置而提高生产力，就连科学技术的发展也离不开管理了。它们还用知识产权等方法来尽力从其他国家获得更多的利益，这本身也可以看作一种管理。

生产力的发展过程、经济运行机制、经济增长方式、社会生产的比例关系、资源配置方式、加快资本循环和周转的途径、决定劳动生产力高低的因素、固定资本的补偿与更

① 中共中央马克思恩格斯列宁斯大林著作编译局：《资本论》（第一卷），人民出版社2004年版，第53页。

新、经济效益的提高等问题都是生产力范畴的问题，它们可能构成不同经济学分支的研究对象，就是因为它们对于提升生产力太关键了。

生产力处于不断的变化之中。我们可以区分潜在的生产力和实际的生产力。实际生产力一定小于潜在生产力。比如，在现有生产能力和劳动力没有加以充分利用或尽管产量有所增长但产品质量没有显著提高或存在无效劳动时，实际生产力就小于潜在生产力了。而当一个社会在现有条件下如果本来可以生产出一种新产品（如飞机、芯片、操作系统），却没有生产时，它的实际生产力也小于潜在生产力了。对于前一种情况要用加强管理等办法来解决，对于后一种情况则要用加强创新等办法来解决。潜在生产力会随着一个国家的科学技术水平的变化而变化，因此具有时间特性。

本书假设所有的生产力是值得追求的，并在这一假设下展开论述。在许多情况下，这个假设是正确的。但是，这个假设并不排除生产力是不好的情形。比如，生产力发展带来严重的污染，带来严重的收入分配恶化。对于这些问题的处理可能需要新的知识框架。但是，本书的框架依然具有基本性。比如，在公有制的条件下，能够比较协调地发展生产力，不至于使生产力的发展让环境恶化到惊人的程度。而当谈到公有制时，我们就进入生产关系的概念领域了。

二、生产关系

生产力不会以永久不变的速度发展。既然如此，就无法依靠生产力的发展来防止经济危机的发生。当出现一次生产力的勃发后，随着时间的流逝，新的投资机会逐渐消失，经济增速就可能突然下降，经济剩余找不到出路，经济危机就可能发生了。比如到1915年时，汽车时代已经开始，到1929年就发生了大萧条。经济剩余代表着可用于投资的机器、设备等资源。当这些经济资源无处可用时，资本主义再生产过程就发生了中断：机器、设备利用率不断下降，失业不断增加，金融资产价格出现下降。这种下降的幅度及其所造成的破坏如果无法被抵消，可能足以颠覆一个社会。为了解释生产力的勃发为什么继之以危机，就不得不考虑生产力所赖以产生的关系。

所谓关系，至少要涉及两个客体。生产力不是发生于真空之中，而是发生于人与人之间的关系之中。而人与人之间的关系有许多种类，并非同等重要的。只有用某些特殊的关系才能说明生产力的发展。从政治学的角度看，最主要的关系就是统治阶级与被统治阶级的关系。从经济学的角度看，最主要的关系就是在经济上居于统治地位的阶级与经济上居于被统治地位的阶级的关系。他们在反复进行的生产过程中结成的相互的关系就是生产关系。不研究这个关系，就不可能研究好生产力。政治经济学致力于发现社会规律，不能使用原子式的个人来研究，除非这种原子式的个人实际上是经济范畴的人格化，是一定的阶级关系和利益的承担者，代表一类人。但这时，还必须设定另一类原子式的个人。统计地看，自然人无论在主观上怎样超脱各种关系，在社会意义上总是这些关系的产物。如果假设所有人都是同质的，就抽象掉关系了。对于解释经济危机最重要的关系我们可以称为生产关系。

对生产资料的占有方式以及生产资料与劳动者的结合方式，是生产关系最重要的内容。对生产资料的一定占有方式就是所有制。所有制是生产关系的最基本的内容。它决定了生产资料与劳动者的结合方式，决定了收入分配，决定了不同人群在收入中所占的地位，从而也决定了政治经济学的研究方法必须设定两类人，也应该设定两类人，并且这两类人之间的关系决不能只是共生、互利关系，而是必然存在矛盾关系。这种关系就是生产关系。生产关系所呈现出的制度就是所有制。在现实中，许多重要的改革、运作都是改变所有制、所有权，或者变相改变所有制、所有权。在资本主义社会中，主要的生产资料是以大机器为对象的生产资料。这个生产资料被少数私人占有了。它要求这些少数人能够在劳动力市场雇用工人，能够把工人聚集在一定地方（企业、城市）进行生产。在这样的生产资料所有制下，资本支付工人工资、自己拿走利润、向政府交税等，这样就形成了狭义的资本主义社会生产关系。这个关系充满着严重的人群对立。

（一）无产阶级

大部分人依靠工资取得自己的收入，从而构成无产阶级。工资分为名义工资和实际工资。名义工资定义为工人所拿到的工资的货币数量，记为 W。实际工资指工人用货币工资实际买到的各类生活资料和服务的数量，可以表示为 W/P，P 表示价格水平。名义工资 W 上升时，实际工资 W/P 可能长期保持不变，因为 P 可能也上升了，名义工资 W 的上升不过是补偿 P 的上升而已。值得注意的是，即使 W/P 保持不变，也不一定意味着工人的生活水平能够得到维持。其中一个重要的原因是，P 作为一个总体价格指数，可能没有包含或充分反映对工人的生活水平产生重大影响的价格（如房价）。名义工资 W 上升时，实际工资 W/P 却下降也是屡见不鲜的。

更进一步的考虑可以把名义工资或实际工资区分为假想的和真实的名义工资和实际工资。这个考虑可以用在如下的一种命题中：工资上升能够刺激劳动力供给增加。这是西方宏观经济学中关于总供给曲线的一个重要问题。有时，我们可以扩展生产关系的概念内涵，以包括除生产资料所有制以外的内容。比如，资本主义企业在生产资料私有制不变的基础上，也可以在局部进行调整。特别是，当一些企业获得惊人的超额利润时，它们可以开出高额的工资给中层管理人员和技术人员。对于那些高新技术企业而言，不这样做可能就无法创造出生产力来。

但无论我们考虑名义工资还是实际工资，是假想的还是真实的名义工资或实际工资，在资本主义社会和某些社会主义社会中，我们可以保险地说，工资数量与少数私人所获得的利润之比几乎是微不足道的。拿工资的劳动者几乎不可能突破这个比例，这就使得他们成为一类人，成为一类被马克思称为无产阶级的人。他们的收入通常仅能够维持自己的生存。这意味着他们可能每个月都把他们的工资花光了。我们可以把这种无产阶级居劳动者主体的社会看作理想型的资本主义。

一个劳动者（工人、农民或农民工）每个月的或每年的工资数量与劳动总时间成正比。在生存压力之下，普通的劳动者被迫尽可能地延长劳动时间。长期下去，必然摧毁工人的健康，带来家庭的灾难。马克思把历史上早已存在的这种现象称为资本家榨取绝对剩余价值。

（二）资产阶级

顾名思义，资产阶级似乎应该就是拥有资产的人。然而，这个定义还不是很准确，因为资产可以指房产、股票、债券。拥有这样的资产的人并不一定是资产阶级，只有拥有大量的生产资料的人才是资产阶级。然而这个定义也并不完美，因为它没有与生产过程联系起来，最早期的资产阶级一般并不拥有这些资产。从生产、经营（如从事金融业、贸易）活动的角度看，资产阶级是获得利润的那些资本家的总和。

把总成本 TC 写为如下函数：

$$TC = TC\ (Q)$$

其中，Q 代表产量，TC 代表总成本。它表示，资本家的生产成本是他要生产的产量的函数。很显然，产量越高，生产成本就应该越大。这是资本家所具有的起码的理性所保证的。因此，我们可以认为 TC′（Q）>0。对于目前我们定义资产阶级的目的而言，这个总成本函数的概念就够用了。在本书的后面，我们会对生产成本这个概念加以详细的探讨。

资本家还拥有以产量作为自变量的收益函数：

$$TR(Q) = P(Q) \times Q$$

于是资本家的利润定义为：

$$\pi(Q) = TR(Q) - TC(Q)$$

资本家得到的利润就是 $\pi(Q)$。得到 $\pi(Q)$ 的生产经营者可能不止一人，甚至远远多于一人，这些资本家构成资产阶级。① 资本家之所以能够得到利润，就是因为他们拥有生产资料的所有权。权利决定收入的结构在每一个社会都适用。因此，在收入上存在的问题都一定要由权利的（重新）界定来解决。重新界定权利就意味着社会改革，甚至社会革命。

资产阶级不是一成不变的。最早期从事生产经营的人在积累起巨额的财富之后就可能退出生产经营领域了，但他们必须在以货币形式持有还是以股票债券形式持有财富之间进行选择。通常而言，他们会以股票或债券的方式持有，因为他们这样做一般会比以货币形式持有财富获得更高的收益（这涉及投资学、金融学的知识）。于是出现了以股息和利息获得收入的资产阶级，他们被一些西方学者称为食利阶层。在现代社会中，设立私人基金会也是一些资本家保证食利权利的方式。食利阶层的出现代表着资本主义生产关系的一种新变化。当资产阶级给一些劳动者以极高的工资时，它也可能使资本主义社会的生产关系发生变化。拿高工资的劳动者所占劳动者的比例越高，资本主义社会的生产关系变化就越大。西方曾用橄榄型社会来定义这种社会。但是，这种中产阶级占劳动者相当比例的社会不一定是一种稳定的状态，可能在形成和发展几十年后，这种橄榄型社会就消失了。目前，欧美的中产阶级已经相比几十年前极大弱化了。

换另外一个重要角度，我们可以说生产力和生产关系的关系还反映在社会生产过程中的生产、分配、交换和消费之间的相互联系、相互制约的辩证关系中。其中，生产对分配、交换和消费起决定作用。这包括两方面的含义：一方面，分配对象、交换对象、消费对象只能是生产的结果。生产什么，生产多少，才能分配什么；分配什么，才能交换什么；交换什么，交换多少，才能消费什么，消费多少。另一方面，生产的社会形式即生产关系决定分配关系、交换关系和消费关系。分配、交换、消费也会反过来积极反作用于

---

① 西方经济学从企业运作的角度展开对这些公式的分析。而实际上，它们所蕴含的分配含义才是更为重要的问题。

（促进或阻碍）生产。如果分配、交换和消费适应于生产，就会促进生产；反之，就会阻碍生产。在不同条件下，交换与消费对生产的发展、经济的增长也会起不同程度的决定作用。一个国家一定时期内经济增长率的高低，可能是由出口贸易、固定资产投资、消费需求三个因素拉动的。如果生产出的东西卖不出去，大量积压，必然会影响生产的发展和经济的增长。

生产关系是最基本的社会关系，政治关系、家庭关系、宗教关系、党派关系等各种社会关系，都受生产关系的支配和制约。政治经济学所研究的广义生产关系，就是人们在社会生产总过程中所建立的诸方面的经济关系的总和。这个总和也有它自己的矛盾。资本关系、劳资关系、土地所有权关系都是既定生产关系中的产物。

三、生产力和生产关系的关系

我们前面曾多次提到生产方式。在社会生产中，生产力和生产关系的有机结合和统一构成社会的生产方式。在一个新的社会形态隐隐成型、草创和稳定时期，生产力和生产关系的关系尤为重要。① 在这些时期，它们之间的两种最基本相互关系表现得尤为明显：一是生产力决定生产关系；二是生产关系又反作用于生产力。

第一，新的生产力需要有新的生产关系，新的生产关系一定要适合新的生产力。

新的生产关系意味着新的阶级的出现。在封建社会建立时，是地主阶级取代了奴隶主阶级。在资产阶级革命时代，资产阶级反对地主阶级，推翻封建地主土地所有制，建立了资产阶级的以大机器为主要特征的现代生产资料私人所有制。这是英国、法国和日本的情况。美国没有封建社会，但是也照搬了西欧国家的资本主义制度。② 德国长期以来并非民族国家，但是也建立了资本主义制度，并在建立资本主义制度后实现了生产力的发展。对于这种决定关系，马克思有一个经典的总结："社会关系和生产力密切相联。随着新生产力的获得，人们改变自己的生产方式，随着生产方式即谋生的方式的改变，人们也就会改变自己的一切社会关系。手推磨产生的是封建主的社会，蒸汽磨产生的是工业资本家的社会。"③ 他还说："社会的物质生产力发展到一定阶段，便同它们一直在其中运动的现存生产关系或财产关系（生产关系的法律用语）发生矛盾。于是这些关系便由生产力的发展形式变成生产力的桎梏。那时社会革命的时代就到来了。"④ "生产力决定生产关系，生产关系一定要适合生产力"的命题对于中华人民共和国和苏联也是成立的。比如，中华人民共和国成立后，为了保证生产力，采用了公有制这种生产关系。这是落后国家最大限度发展生产力必然采取的生产关系安排。

值得注意的是，在本命题表述中的生产力是指潜在的生产力。这种潜在的生产力要求

---

① 注意，这里的新社会是社会形态意义上的，而不是国别意义上的。

② 奴隶制度虽然使得美国南部各州的奴隶主得到巨大利益，但它实际上并不符合新生产力的要求。因此，可以说，它注定要灭亡。

③ 马克思：《哲学的贫困》，载于中共中央马克思恩格斯列宁斯大林著作编译局：《马克思恩格斯选集》（第一卷），人民出版社 2012 年版，第 222 页。

④ 马克思：《〈政治经济学批判〉序言》，载于中共中央马克思恩格斯列宁斯大林著作编译局：《马克思恩格斯选集》（第二卷），人民出版社 2012 年版，第 2~3 页。

一种新型的生产关系。这种新型的生产关系建立后，使得这些国家的生产力得到极大发展，尽管也并不一定总是达到潜在生产力。

生产力和生产关系合起来构成“物质生活的生产方式”。每个社会形态都有其独特的物质生活的生产方式。因此，当生产力发生变化后，生产关系就一定要发生变化。社会形态往往是用生产关系（所有制及其基础上的阶级）来定义的。因此，当新的社会形态建立时，必然要求新的生产关系的建立。这就必然表现为生产力决定生产关系，生产关系一定要适合生产力。

然而，上述命题也适用于旧的生产力和旧生产关系的关系。那些生存于旧生产力基础上的占据统治地位的阶级会努力维护旧的生产关系，因为如果不是这样，他们就不再是原来的他们了。只不过，维护旧的生产关系的努力即使一时取得成功，也终究会归于失败。旧社会的遗老遗少们对于新社会的态度是复杂的。比如，清朝末年的李鸿章一方面慨叹千年之变局，另一方面又竭力维护清朝的旧统治。而康有为、梁启超等人对于旧社会的态度是不同的，对于新社会的设想也是不同的。而且，他们不一定清晰地意识到生产力决定生产关系这个规律的存在。

第二，生产关系反作用于生产力。

这时的生产关系是更为具体的概念，是在所有制不变基础上的生产关系的一些具体的、延伸的内容。

我们不妨基于现代社会（包括资本主义社会和社会主义社会）先从微观和短期的角度来看待这一问题。从微观上看，在现代社会，生产力和生产关系统一地存在于企业之中。在其他情况不变时，企业的生产关系不同，企业的性质就不同，企业的生产力也不同。为了保证企业产生一定的生产力，需要设计相应的生产关系。如果生产关系适应了生产力，生产力就能得到较快发展。反之，就无法快速发展。在资本主义社会竞争激烈的领域里，生产力是否能够快速发展直接决定企业的生死。这是生产关系会反作用于生产力的具体表现。在那些竞争不太激烈的领域里，生产力和生产关系达到了一种暂时的平衡状态。这些领域的竞争很可能在某个时刻开始变得激烈起来。在19世纪50年代，当中国采用人民公社这一新型的农村生产关系时，就至少是因为许多具体措施而在许多局部破坏了农村生产力的发展。在改革开放后，中国采取了家庭联产承包责任制的农村经营模式。在苏联，当采用一种具体的生产关系实现方式出现问题后，列宁也不得不采取新经济政策。在列宁逝世后，斯大林则采取了集体农庄这种经营方式。

应该指出，真理向前迈进一步就会变成谬误。在一个新的社会形态中，不能借口“生产关系又反作用于生产力”而使新的社会形态复辟到旧的社会形态中去，或倒退到一种次优的社会形态中去。比如，不能借口社会主义建设中出现一些挫折，就倒退回封建社会或倒退到资本主义。这对于社会主义国家是一个生死存亡的决策。资本主义就曾经因为它存在的问题而发生过封建社会的复辟。但从长期来看，它也并没有因为它的贫困、危机倒退回封建社会。在一个新的社会形态隐隐成型、草创和稳定时期，到底发展怎样的生产关系是一个重大决策问题。发展新型的生产关系是维护一个新的社会形态的应有之义。

我们再从长期的宏观的视野来看生产关系反作用于生产力的力量。新社会制度比旧社会制度要优越得多。如果不优越，旧制度就不会被推翻，新制度就不可能建立，即使建立，也难以长存，即使长存，也不可能促使生产力增长迅速。比如，中国的社会主义制度尽管经历过一些挫折，但在短短的20多年时间里，我国生产力的突飞猛进的发展就连西方国家也不能不承认了。这也充分说明，所谓社会主义生产关系比较旧时代生产关系更能够适合生产力发展的性质，就是指能够容许生产力以旧社会所没有的速度迅速发展，1949年前的中国在帝国主义、封建主义和官僚资本主义的统治下，生产力的发展一直是非常缓慢的。

许多经济学不是把资本家阶级占主导地位的资本主义社会看作历史上的过渡阶段，而是看作社会生产的绝对的最后的形式。在苏联解体后，有西方学者认为这是历史的终结，即终结在资本主义。其实，资本主义社会不是坚不可摧的结晶体，而是一个能够变化并且经常处于变化过程中的有机体。诚然，在历史的长河中，许多资本主义国家依然保持了其最本质的社会制度，即资产阶级的主导权。在这种主导权支配下的社会中，工资、（私人）利润、租金、利息分别是人们取得收入的四种收入形式，不同人因为取得收入的方式不同而成为不同的阶级。但是，说资本主义终结了历史就未免太夸张了。人类早已经体验了消灭了私人利润、私人租金、私人利息经济范畴的无阶级对立的社会。这种社会依然是存在阶级差别的社会。如在工农结成联盟的社会中，工人阶级和农民阶级之间还是有差别的。但这种阶级之间的差别远远小于资产阶级和无产阶级之间的对立。这种新的社会形态的合理性还远未耗尽。

【阅读材料】

为何中国不再信任澳大利亚？澳前驻华大使指责政府高层和安全机构①

据环球网记者张骜报道，面对日益紧张的澳大利亚与中国关系，澳大利亚新闻网5月1日在文章中提出了“为何中国不再信任澳大利亚”的疑问。2007—2011年曾任澳大利亚驻华大使的芮捷锐给出了回答。

文章称，芮捷锐将中澳关系破裂归咎于现在的特恩布尔政府高层的不信任态度，以及安全情报机构的挑衅性活动。芮捷锐称，澳洲安全情报组织（ASIO）“将自身政治化”，指责批评其行为的人士为亲中国的“熊猫拥抱者”。芮捷锐在一篇文章中写道：“想要理解（中澳）双边关系的急剧恶化，需要结合相关背景，即当今地缘政治秩序迅速变化，同时堪培拉政策制定者带有意识形态先决条件，希望以美国为首的旧秩序回归。”在芮捷锐看来，这些正在损害澳大利亚的利益。

用政治经济学的语言来说，利益是生产力，而旧秩序是生产关系。你只要这样转换一下话语，就可以在许多报道中观察到生产力和生产关系在这个世界确实起着重大作用。

第三节 研究方法

马克思、恩格斯在世的时候，曾经指出，他们的理论不是教条，而是方法。马克思、恩格斯不可能讲出本书第七、八、九章的那些内容。对于学习政治经济学而言，最重要的

① http：//www.globalview.cn/html/global/info_24312.html。

是方法。为此，我们挑选出如下三种特别值得注意和学习的方法。它们贯穿于本书始终。

一、矛盾分析

不揭示事物的矛盾（本体论）和矛盾的运动，就不能认识事物。任何一个阶级社会都是一个不同阶级的对立统一体（奴隶主阶级和资产阶级、封建贵族和资产阶级、资产阶级和无产阶级）。这些对立统一体的存在是有条件的，条件一变，它们就变了。它们的变化可以总结为量变、质变和否定之否定（也许需要经过10年、30年才能显示出来）的过程。这种分析方法与那种把社会整体看成最优的、最好的、和谐的制度的观点是截然不同的，更值得信任。

在政治经济学中，对立统一的思想很好理解。因为社会中总是有很多人付出了辛苦，所得却很少；有很少人没有付出多少，所得却很多。你的爸爸、妈妈、爷爷、奶奶、亲戚、朋友和你自己总是已经遇到或将来会遇到这样的问题。实际上，这个问题贯穿于人类的有记载以来的几乎所有历史。不用矛盾还能用什么来说明这样普遍而重大的问题呢？

矛盾的运动服从量变引起质变的规律。西方社会由封建社会走向资本主义社会是一个从量变到质变的过程；由自由竞争的资本主义走向垄断的资本主义，也是一个从量变到质变的过程；资本主义在全球的扩张以及资本主义国家之间的矛盾所引起的经济落后国家的社会主义运动，也是一个从量变到质变的过程。资本主义由历史的进步性转变为历史的反动性也是量变引起质变的重要例证。这种从量变到质变的过程是运用历史学才容易理解的过程。一个变量如果只有数量的变化，而没有质的变化，那是令人扫兴的。任何一个经济学模型如果只探索了变量之间的均衡关系，就很难有历史性的意义。历史意味着变化，如果没有变化，还叫什么历史呢？这个最基本的观点能够帮助你形成对经济学模型的正确的审美观。一些致力于建立均衡的模型有一定的趣味，但它们与实际的吻合性一定是很差的。量变质变规律是值得铭记一生的社会发展规律。在自然界，可以找到这个规律并不适用的许多现象。如太阳每天照常升起，这样可能可以长达几十亿年。这个时间长度使得量变引起质变的规律即使成立，也会使你失去兴趣。当然，自然界也不是亘古不变的。中国成语沧海桑田就反映了这种量变引起质变的道理。沧海变成了桑田，这可以说成是一种质变吧！

矛盾的运动还服从否定之否定的规律。量变引起质变只是观察两个连续的时期所得到的事物的规律。如果再多观察一个时期呢？这时，你自己或许就能概括出否定之否定的规律。形式地说，事物A经过数量的变化质变成事物B，事物B又经过数量的变化质变为与事物A有相似之处的事物C。这就是为什么称之为否定之否定吧！在社会发展上，资本主义所有制否定了劳动者的所有制；而社会主义所有制又否定了资本主义所有制，要重建劳动者的所有制。这是所有制变革中的否定之否定。但资本主义所否定的是个体劳动者的私有制，而社会主义否定资本主义所有制后重建的劳动者所有制，是联合起来的劳动者的公有制。

否定之否定规律意味着社会经济的发展绝不会停留在某一阶段上，而是经历着由低级阶段向高级阶段发展的过程。社会经济过程的变化，经过否定之否定，呈现出一种螺旋式的运动形式，表面上看起来似乎是回到原来的出发点，实际上是发展到包含着新的内容的更高阶段。

总之，由对立统一、量变质变、否定之否定所构成的矛盾分析是研究政治经济学所必须依赖的最主要方法。在哲学上，它是辩证唯物主义和历史唯物主义的。掌握这种方法并不排斥你掌握与这种方法对立的方法，只要你不让那种与这种方法对立的方法凌驾于这种方法之上就行了。比如，启蒙思想家所强调的理性与后来的数学中的最优化方法结合了，这使得当代西方经济学中发展出了一整套依赖于边际分析的理论体系（如效用最大化、利润最大化及其各种应用），但在资本主义社会中工人阶级的消费理性没有多大意义，而资产阶级的理性不能挽救资本主义的危机，反而恰恰是资本主义危机发生的原因。

二、从具体到抽象和从抽象到具体

任何研究都必然用到抽象方法。所谓抽象，就是简化，就是去掉对你的研究目的而言不重要的东西，这样，你就能聚焦于重要的因变量和自变量，从而揭示你所感兴趣的因变量的规律性，即它与各种自变量的关系，以及这种规律性所蕴含的事物本质的意蕴。

在高等数学的《拓扑学》中，把各种凸多面体与一个多维的球体等价起来，相当于把一个没有充气的气球、充了一些气的气球和一个充满气的气球等价起来。对于某些目的而言，这些不同的事物之间的不同是很重要的，而对于另外一些目的而言，这些不同事物之间的不同是不重要的，是可以被抽象掉的。抽象分析方法可以使你只花费很少的精力就能理解纷繁复杂的经济现象的本质和共性，因此它非常具有价值。抽象也使得科学研究得出的结论具有高度的美感和力量，这有助于理论的传播。记忆抽象的理论总是容易的，但记住抽象的理论可能只是造成了一个会学舌的鹦鹉而已。

在运用抽象法时，一定不能把不应该抽象掉的东西抽象掉，否则，抽象法就用错了。在本书中，你将看到，商品是研究政治经济学的出发点。选择商品作为研究的出发点和对象，就抽象掉了所有非劳动产品和自然物品。在本书中，你还将看到，在商品的价值决定问题上抽象掉了使用价值，从而使得商品的价值决定唯一地决定于社会必要劳动时间。而定义所有商品的社会必要劳动时间时，又抽象掉了不同劳动之间的差别，等等。

抽象分析方法对于达到某些目的是充分的，但对于达到其他目的可能就不够了。在实际应用抽象分析所得到的结论时，必须考虑具体情况对结论产生影响的可能性。中国新民主主义革命如果不把马克思主义基本原理与中国实际相结合，就不可能取得成功。实际上，早在井冈山时期，就由于苏联专家和中国一些人僵化和教条地理解和运用马克思主义，使中国革命遭受重大损失，并且随后一再发生。毛泽东撰写《反对本本主义》、《改造我们的学习》等文章，就是为了解决这个问题。所以，抽象研究方法对于理解问题的本质是有用的，但在应用由其所得到的结论时，还必须紧密联系实际。这就是由抽象到具体的方法。比如，抽象认识资本主义生产的实质是剩余价值生产，剩余价值是资本主义经济关系中的抽象的、本质的范畴，然后运用剩余价值范畴说明其具体形式如产业利润、商业利润、利息、地租等是非常必要的，只有把握了这整个理论体系，才会对资本主义产生系统性和科学性的认识。但在具体到中国实践时，比如具体到中国20世纪50年代的社会主义改造实践时，就应该具体问题具体分析。

没有从具体到抽象再从抽象到具体的研究经历的人是不能被视为一个好的研究者的。

【阅读材料】

虚假的抽象

在运用逻辑推理的时候，总是需要做出一些假设。在西方经济理论中，理性人就是一种用于经济逻辑推理的假设。许多西方学者承认，理性人假设并不真实，属于一种虚假的抽象。但他们认为，假设真实与否并不重要。这种观点的一个用处是用它进行游说，游说社会主义国家的某些人，特别是某些重要人物在社会主义国家搞资本主义。这种游说是一种没有成本的说话（用西方还未成主流的经济学中的一个术语讲，就是 cheaptalk，可以翻译为空谈；参见王今朝等：《决策论视角下的空谈博弈理论》，《经济学动态》2006 年第 11 期），而且是反复游说，游说高层者有之，游说青年学生者有之（在各高校巡讲），游说学界者有之（与各种名人交朋友）。有些幼稚的政治领导人因本人是自私的从而也愿意相信人都是自私的，因此，他们以此假设为理论依据推行颠覆社会主义制度的私有化经济改革。苏联解体就是这种改革“成功”的一个例证。理性人假设的这个用途恐怕是其始作俑者所始料未及的。

本书也有一个并非总是为真的假设，那就是生产力是值得追求的（见第二节第一部分），但这个假设比西方经济理论中的理性人假设好多了。这意味着存在两种非真的假设，我们不妨称之为可信假设和非可信假设。

三、逻辑分析和历史分析

逻辑方法就是要在分析现实的基础上形成假设、概念，产生命题，进行演绎和推论，从而形成一个从假设到理论再到政策的完整体系的过程。逻辑方法的运用总是需要一个逻辑的出发点，也就是逻辑推理的前提假设。比较简单的经济关系和经济范畴一般会使用抽象法来处理。这种抽象就把经济中一些重要的关系和范畴给舍弃掉了。逻辑方法的使用是否正确，取决于前提假设与现实的一致性程度和推理的正确性。逻辑方法的使用是必要的，但并不是所有逻辑方法都是充分的。用逻辑方法所得出的结论的正确与否需要用历史方法来加以检验。

历史方法是从时间序列的角度研究社会经济现象和经济过程的历史，从中归纳总结经济规律。历史方法可以揭示一个事物出现的条件，从而为整体上把握这个事物提供坚实的实证依据。比如，历史方法很容易让你看到，资本主义的生产力和生产关系曾经都是产生于封建社会的母体内部。资本主义的生产力和生产关系取得优势地位经历了一系列的有时甚至有所反复的暴力革命过程。了解了这一点，你就能更好地理解和使用矛盾分析方法了。又如，历史方法容易让你看到，市场由低级向高级发展的历程以及所具有的矛盾。这特别使你能够避免接受和形成把资本主义看成永恒不变的观点和理论。

历史是丰富多彩的，历史方法的使用者可能陷入历史数据的堆积之中，缺乏对历史数据产生的逻辑结构的揭示。比如在当代资本主义社会，存在着商业资本和商业利润、借贷资本和利息、土地所有制和地租等经济关系和范畴，封建社会和奴隶社会对此是有共性的，但资本主义的特殊性在于工业资本是起主导作用的“普照的光”。正是因为有了工业资本，才有了资本主义经济制度。因此历史方法的运用应该主要是揭示工业资本的发生、发展。堆砌大量的商业资本和商业利润、借贷资本和利息、土地所有制和地租等经济关系和范畴的数据是无助于揭示资本主义的本质的。

历史分析可以产生出好的结果。然而，历史是纷繁复杂的，非花大量力气无法弄清。有时，你觉得你弄清历史了，后来发现了新的说法、新的证据，你就发现自己错了。经济学研究无法脱离历史。几乎所有抽象的研究都是特定历史的产物，都是特定历史时期特定条件下的产物。因此，在应用上要非常小心。就连生产力和生产关系这种分析框架都是特定历史时期的产物，尽管它的概括性超过了一般的概括从而使其保持了高度的科学性。至于其他理论，如西方的市场经济理论、比较优势理论、绝对优势理论，就更是具有历史的局限性了。①

由于逻辑方法和历史方法各有所长，又有所短，任何好的政治经济学研究都应该是逻辑方法与历史方法的统一。这种统一不是二者的简单混合，而必须是有机统一。

复习思考题

1. 有几种政治经济学？
2. 为什么说马克思主义政治经济学实现了科学性和阶级性的统一？
3. 为什么说物质资料生产是人类社会存在和发展的基础？
4. 马克思主义政治经济学的研究框架是什么？
5. 怎样理解经济规律的客观性和人的主观能动作用？
6. 列宁说："只有把社会关系归结于生产关系，把生产关系归结于生产力的水平，才能有可靠的根据把社会形态的发展看做自然历史过程。不言而喻，没有这种观点，也就不会有社会科学。"② 谈谈你对生产关系与生产力及其关系的理解。
7. 毛泽东同志明确指出，社会主义生产关系同生产力之间，基本是相互适应的，但也有互相矛盾的情况。"社会主义生产关系已经建立起来，它是和生产力的发展相适应的；但是，它又还很不完善，这些不完善的方面和生产力的发展又是相矛盾的。除了生产关系和生产力发展的这种又相适应又相矛盾的情况以外，还有上层建筑和经济基础的又相适应又相矛盾的情况。"③ 结合这段话谈谈你怎样理解生产力和生产关系统一于企业？
8. 政治经济学运用怎样的研究方法？

① 参见王今朝：《打破当代西方比较优势理论教条》，武汉大学经济发展研究中心工作论文，2017年。

② 中共中央马克思恩格斯列宁斯大林著作编译局：《列宁全集》（第1卷），人民出版社1984年版，第110页。

③ 中共中央文献研究室：《毛泽东文集》（第七卷），人民出版社1996年版，第214~215页。

第二章 商品及其价值

第一章讲到生产力和生产关系的统一。所谓统一，总是要体现在物上。没有物的承载，概念就是虚幻的。除企业外，还有没有其他客体，既体现了生产力，又体现了生产关系呢？是有的，这个物就是企业所生产出来的商品。商品能够既表现出生产力，又表现出生产关系来。这并不奇怪，因为它是企业生产出来的。那么，商品为什么能做到这个，又是怎样做到的呢？本章打开企业这个箱子来考察这些问题。

第一节 商　品

一、商品在现代社会的普遍性

商品在现代社会的普遍性与企业在现代社会的普遍性是一致的。商品是为市场交换而生产的有用的劳动产品。按照这个定义，有用的、可以买到的物品不一定是商品。政治经济学中的商品概念可能并不涵盖你平时遇到的某种商品。奴隶社会和封建社会中，虽然已出现了商品经济，但它仍处于从属地位，占据着统治地位的是自然经济。在自然经济条件下，每个生产者或经济单位的经济活动，大多在生产者个人或本单位范围内完成，生产者生产着自身所需要的绝大部分产品。那时，各个生产者或经济单位的生产规模很小。

商品经济的产生和存在需要两个基本条件：一是社会生产力的发展和社会分工的存在。社会分工是在生产力发展的基础上出现的。所谓社会分工，是指社会劳动划分和独立化为不同部门和行业的分工。随着社会分工的产生和发展，形成了专门生产各种不同产品的生产者或经济单位。各行各业的生产者为了满足自身在生产和生活方面的多种需要，都需要互通有无，以取得对方的产品作为生产资料或消费资料，因而产生了相互交换产品的要求。社会分工越是发展，生产专业化的程度越高，交换的范围就越是扩展。正如马克思所指出：分工是商品生产存在的条件，构成一切商品生产的一般基础。

二是生产资料和劳动产品属于不同的所有者，这是商品经济产生和存在的决定性条件。不同的生产资料所有者，各自都是具有自身经济利益的经济主体。各个经济主体为了获得其他经济主体的产品，除了掠夺、抢劫、偷盗或政府转移支付、救济外，必须通过交换来完成，因而商品范畴出现了。对应掠夺、抢劫、偷盗的范畴是战利品、赃物。交换分为等价交换和不等价交换。商品经济中充斥着等价交换和不等价交换。

资本主义让人类的生产和生活变了样，以高度的组织化方式专业从事生产的现代企业出现了。资本主义生产过程中使用的生产资料要远比封建社会所使用的生产资料种类更为复杂，数量更多，出现了许多专有设备。每个企业都生产出大量的自己无法全部消费的产品，不得不到市场上销售，而其生产所需要的产品也不得不大多从市场上购买（后来有些企业通过实行一体化，把市场取消了，自己内部生产）。资本主义使人类从自给自足的自然经济时代来到了商品经济时代。“商品经济”一词的出现，反映了商品作为现代社会的重要性。它是具有不同经济利益的生产者之间相互交换劳动成果的一种经济形式。

在商品经济条件下，人们的劳动交换和经济联系是通过市场实现的。商品经济的存在，就意味着有市场存在。市场是商品交换的场所、渠道或领域，它是商品交换的产物。甚至在社会主义社会，都需要在许多领域用商品经济的方式来运转整个经济。不同社会制度的企业功能不同，生产组织方式不同，交换的条件也不同，达到的结果也不同。比如，资本主义社会的商品交换是在生产资料私有制基础上，由资本所有者首先占据所有商品，把其中一部分以工资形式分配给工人后，占据剩余产品及其价值。而社会主义国家就没有资本的私人所有者了，因此，社会主义国家的商品经济与资本主义的商品经济是不同的。社会主义的商品经济还有一个特征，即它不是在追求利润动机支配下形成的，因此，不具有盲目的扩张性。社会主义社会完全可以以比资本主义更有计划的方式来安排生产，而不是简单地根据所谓市场信号来进行生产。既然不同社会的商品经济不同，它们的市场自然也就不同了。由此推理，如果不同社会的市场相同，就意味着社会的趋同；市场的运作越相同，社会就越相同。这是值得建设市场经济的社会主义国家警惕的。

既然商品充斥于整个社会，它就不能不与生产力和生产关系发生关系。否则，生产力和生产关系的框架怎么可能重要呢？这可以抽象地表达为商品以及商品的价值是资本主义经济关系中最简单、最基本和最一般的（比如，相对于某些大自然所赋予的物质，如黄金、钻石等）范畴。只有阐明了这个范畴，才能说明货币、资本、剩余价值、工资等范畴，才能了解资本主义雇佣劳动制度的本质，并进而说明利润、利息、地租等在资本主义存在的其他具体的范畴。只有彻底解剖商品这个资本主义社会财富的元素形式和经济细胞，才能揭示资本主义这个复杂有机体的微观构造。

二、商品的使用价值

产品之所以成为商品，一个原因是它具有使用价值。使用价值是商品的物理、化学性质满足人们某种需要的属性。马克思说：“物的有用性使物成为使用价值”，“不论财富的社会的形式如何，使用价值总是构成财富的物质的内容”。① 例如，粮食能够充饥，衣服可以遮体，房屋可供居住，等等。这在西方理论中被说成商品提供效用的能力。从社会的角度看，企业也正是由于能够提供使用价值才普遍存在于现代社会。从企业自身看，它正是借助提供使用价值才能够得到价值。

使用价值具有六个特点。（1）多维性。一种商品的使用价值可能是多维的。比如，木材作为燃料、建筑材料、制造家具、工具等，细分起来用途甚至可达上千种。（2）时间可变性。一种商品的使用价值可能是与时俱进的。比如，在科学技术发展基础上，人们发现了煤炭的很多新用途，从煤炭中可提炼出许多化工原料，用来制造合成纤维、染料、

① 中共中央马克思恩格斯列宁斯大林著作编译局：《资本论》（第一卷），人民出版社 2004 年版，第 48、49 页。

药品、香料、炸药等。再如，硅主要是沙石的构成成分，原来主要用于建筑，在20世纪被用来生产半导体。随着科学技术和社会生产力的发展，商品的新的使用价值可能不断被发现。(3) 因条件可变性。一个商品的使用价值随着该商品所处的环境的变化而变化。比如，棉衣在夏天就没有什么用途，在热带地区就没有在温带和寒带地区使用价值大。一种商品如果出现了替代性商品，它的使用价值也就降低了。(4) 使用价值与交换价值可能是严重背离的。比如，水和食物的价格一般很低，但它们是维持生命所必需的，使用价值很高。有的手机的价格很高，但没有它们，也只是失去了很少一些便利而已。这个性质对于理解资本主义制度至关重要。(5) 对于许多商品，使用价值本身是商品的自然属性，并不反映人们的社会生产关系，更不会随着社会经济关系的变化而变化，但有时候，使用价值是社会关系的产物。比如，钻石、黄金、宝石首饰的使用价值就是统治阶级所创造出来的。(6) 商品的生产者并不是为了得到商品的使用价值，而是利用商品的使用价值把它销售出去，从而获得收入以及剩余价值。

创造出每一种商品的劳动的目的、对象、操作方法、所使用的劳动资料，以及劳动的成果都有不同。基于这种不同，我们把它称为具体劳动。各种商品具有不同使用价值，许多正是由各种性质和形式不同的劳动生产出来的。木工劳动生产出木器，不同技术水平的木工生产出不同质量的木器，铁匠生产铁器、建筑工人建造房屋的道理与之类似。这种生产一定使用价值的具有特定性质、目的和形式的劳动，就是具体劳动。具体劳动过程是人们利用和改造自然物质，使之适合人们需要的过程。没有人们的具体劳动，就没有物质资料生产，人类社会就不可能存在和发展。具体劳动很重要，你如果想做好的经济学家，就必须善于做经济学研究这个具体劳动。

商品具有使用价值，否则就不会用劳动来生产出来。但具有使用价值的物品并不一定是商品。有些物品是大自然赐予的，它不构成商品。有些物品是劳动生产出来的，具有使用价值，但它不被用于交换，也不构成商品。所以，一般而言，使用价值只是商品的一个非本质的属性。但对于某种特殊商品（即劳动力），它的使用价值对于资本主义社会的存在是前提性的。这是我们在这里非要阐述使用价值的原因，这需要你学习了第三章第三节才能懂得。

三、商品的交换价值和价值

商品既然用于交换，就有一个交换价值。在古代，商品生产者用1只绵羊交换2把斧子，就形成了绵羊和斧子这两种使用价值相交换的量的比例关系，也就是1只绵羊的交换价值就是2把斧子。在宋代，中国北方的游牧民族同中原的汉族进行这种交换的规模就已经很大了。而且1只绵羊还可以和其他许多使用价值相交换，如与1件上衣或15公斤粮食相交换，等等。这就形成了交换价值。可见，交换价值由来已久了。

商品因具有使用价值而成为财富，但是，由于上述几个特点，经济学没有办法用使用价值来度量人类财富。它的数量的有无和大小是具体的、特异的，不可能有什么规律，不可能用来解释不同商品都共同具有的交换价值这个共性变量。也就是说，使用价值这个客观存在对交换价值这个客观存在不具有因果关系。这说明，不能随意地在客观存在的事物之间建立联系。

上述的物物交换基础上的交换价值也可能会有各种不同的数值，因为它们随着时间、地点等条件的变化而有许多偶然性。特别是，交换价格很有可能受到使用价值的影响。比如，当宋代的北方游牧民族在策划一场战争时，就急需铁。这时他们就愿意用更多的牲畜来换得一定量的铁。但这也只是使偶然的交换价值产生。

那么波动不居的交换价值究竟如何确定呢？根据什么确定才合理呢？不同质的东西无法在量上进行比较，只有同质的东西才能在量上进行比较。这种共同的东西，在质上是相同的，从而在量上才可以相比较。为了刻画商品的用劳动生产出来并被出卖（以获得剩余价值）的这种属性，我们就不能限于商品的使用价值，而必须讨论商品的另外一个概念：价值。它表示一种具有共同的质的东西：凝结在商品中的无差别的人类劳动。任何商品都是人类劳动的产品，它们的内部都包含着一定数量的人类劳动。这种人类劳动都是人们的脑力和体力的支出，可以看作无差别的一般人类劳动。这种无差别的一般人类劳动的凝结，就形成商品的价值，就是价值的实体和本体（being）。商品价值既然是用劳动时间来衡量的，就必须抽象掉生产商品价值的具体劳动的差别，而聚焦到商品的可比性的维度。这种可比性维度就是人们体力和脑力的消耗。可以称这种消耗为无差别的一般人类劳动，也就是抽象劳动。生产商品的抽象劳动形成商品的价值，因而也可以说，商品价值是抽象劳动的凝结。所以，抽象劳动形成价值的实体。在商品经济条件下，抽象劳动体现着商品生产者之间的经济关系，是生产商品的劳动的社会属性。使用价值不同的商品之所以可按一定比例相交换，就是因为它们都具有价值。不同商品所包含的价值，即人类劳动，在考虑到劳动复杂程度的差别后，就在数量上是可以相互比较的。这样，价值就构成交换价值的基础，而交换价值成为价值的表现形式。所以，价值是商品的最本质的因素，它体现着商品生产者之间相互比较劳动和交换劳动的经济关系。

有人也许还设想了其他衡量商品价值的标准，却找不到更合适的了。每个人每天的时间禀赋都是一样的。不同人、不同行业、不同企业花在自己产品上所消耗的劳动时间才是决定产品价值的最主要因素。可以设想一下，如果一个人、一个企业、一个行业或一个国家只花一年时间所生产的产品就交换了其他人、其他企业、行业、国家花6年时间所生产的产品，那前者就相当于寿命是后者的6倍，哪怕前者借助了机器、设备来进行生产。除了劳动时间外，还有什么尺度能够公平、合理地衡量不同人、不同企业、行业、国家在一年所生产出的财富的数量呢？还有什么尺度能够用于比较不同产品的交换比例呢？没有了！其他所有的东西在先天都不具有相同的禀赋。

而特别是，劳动时间用于解剖在资产阶级和无产阶级的对立中存在的现代社会也是必不可少的。为了描述这种对立和分析这种对立，就不可能不把劳动作为价值的源泉。资本家和工人的时间禀赋完全相同，劳动力禀赋相差不大，为什么前者拿到的利润远比后者拿到的工资多很多呢？这种社会分配制度运转究竟如何呢？对于此类问题，都不能不用劳动价值论来分析。而且，这种分析得出的结论——资本家窃取了劳动者的劳动时间——确实与实际相当吻合。

用劳动时间来定义价值具有一个重大的意蕴：价值用来衡量的只是由于人类劳动带来的财富。现代社会的新财富也主要只能是由劳动者创造的，与机器无关。为什么呢？所谓现代社会，就是用机器来生产的社会。机器会转动，但不会劳动，没有劳动时间，因此，不会在使用中创造价值。劳动价值论并不否定资本（机器、设备）会帮助人类创造财富，但它认为，人类创造的财富是取决于劳动时间的。资本的使用通过提高劳动生产率，使人类在一定时间内生产出的使用价值（表现在商品数量上）变多了。但如果依然用时间来衡量价值，那意味着在一定时间内生产出的产品价值是基本不变的，而单位产品的价值却是下降的。

这样定义的价值依然无法衡量人类所有的财富。这是因为，除了劳动创造财富以外，大自然也给人类带来财富。但是，现代社会的存续与发展主要并不依赖这种自然财富。这种财富相比人类所生产出的财富数量要小很多。现代社会的性质和矛盾都与这种财富关系不大。

根据以上分析，我们可说，商品具有使用价值和价值二因素。使用价值反映人与自然的关系，是商品的自然属性；价值反映商品生产者之间的关系，是商品的社会属性。商品是这两个因素的对立统一体。商品的使用价值和价值的统一性表现在：作为商品，必须同时具有使用价值和价值两个因素。使用价值是价值的物质承担者，价值寓于使用价值之中。没有使用价值的东西，不可能有价值。使用价值与价值的统一性，集中表现在二者统一于商品体之中。商品的使用价值和价值的矛盾表现在：商品的使用价值和价值又是互相排斥的。对于商品生产者来说，一切商品生产是为了获取其价值，而不是为了获得其使用价值。对于商品生产者来说，商品的使用价值的意义，就在于它是价值的物质承载者。而对于消费者来说，一切商品的意义在于它的使用价值，而不是价值。商品生产者为了占有商品的价值，必须放弃商品的使用价值，将它让渡给消费者。商品生产者和消费者都不能既占有商品的价值，又占有商品的使用价值，所以，商品的二因素是互相排斥的。通过商品交换，生产者实现了价值，消费者获得了使用价值，使商品内在使用价值和价值的矛盾得到解决。

具体劳动和抽象劳动是生产商品的劳动二重性。具体劳动和抽象劳动是矛盾统一的关系：一方面，具体劳动和抽象劳动在时间上和空间上是统一的。商品生产者在从事具体劳动的同时，也就支出了抽象劳动。同时，任何抽象劳动一定也有具体的形式。另一方面，具体劳动和抽象劳动又是有差别、有矛盾的。具体劳动是从生产商品的劳动具有某种特定的有用性和具体形式来考察；而抽象劳动是抽掉了劳动的有用性和具体形式，单纯从劳动是人类的脑力和体力支出来考察。生产各种商品的具体劳动，在性质上是不相同的；而生产各种商品的抽象劳动在质上是相同的，只存在量的差别。具体劳动主要解决人与自然的关系，而抽象劳动主要解决商品生产者的社会关系。所以，它们一个是劳动的自然属性，一个是劳动的社会属性。这种劳动二重性理论是“理解政治经济学的枢纽”。商品是由劳动所生产出来的，那么，同一个劳动怎样既生产使用价值又生产价值呢？对此问题，可以用劳动的二重性，即同一劳动分为具体劳动和抽象劳动来回答。正是这种劳动的二重性，对应着商品的二属性：抽象劳动决定价值，具体劳动决定使用价值。

四、商品价值量的决定

商品的价值是质与量的统一，各种商品的价值在质上没有差别，都是无差别的一般人类劳动即抽象劳动的凝结，只存在量上的差别。那么，商品价值量的大小是怎样决定的呢?

(一) 决定商品价值量的社会必要劳动时间

商品价值是一般人类劳动的凝结，因而在初次销售时，商品的价值量就是由生产商品所耗费的劳动量决定的。劳动量是用劳动的持续时间，即以一定的时间单位如小时、日来计量的，因而商品价值也就取决于生产商品所耗费的劳动时间的多少。

然而，这个方法还是不能令人满意。因为各个生产者生产的主观条件和客观条件不同，生产同一单位的同种产品所耗费的个别劳动时间也就不同。商品的价值量不能由各个生产者生产所实际耗费的个别劳动时间所决定，否则，同种商品就不会有同一的价值量。这与同种商品在同一地方卖大致相同的价格难以一致起来。如果那些生产技术差、生产工具落后、工作懒惰、劳动熟练程度低的生产者生产所消耗的个别劳动时间长，所生产的每件商品的价值量就大，而且消耗的劳动时间越长，每件商品的价值量就越大。而那些生产技术好、生产工具先进、工作勤勉、劳动熟练程度高的生产者所生产的商品，因为消耗的个别劳动时间短，所生产的每件商品的价值反而小。商品的价值不可能这样来决定。

解决上述问题只需要做出严谨的陈述即可：商品价值不是由生产商品的个别劳动时间决定，而是由生产它所需要的社会必要劳动时间决定；社会必要劳动时间是在现有的社会正常的生产条件下，在社会平均的劳动熟练程度和劳动强度下，制造某种使用价值所需要的劳动时间。这个表述就可以解决上述矛盾了。

对于这个表述所引出的新概念我们需要更详细地加以讨论。第一，现有的社会正常生产条件是生产的客观标准条件。它是指现时某一生产部门中大多数同类商品的生产所使用的生产资料条件，以及所达到的技术装备水平。例如，全社会现有的煤炭全年产量为1000万吨，其中800万吨是用机械采煤机采掘出来的，200万吨是用手工工具采掘出来的，则机械采煤机这种技术装备就是煤炭部门现有的社会正常生产条件。第二，社会平均的劳动熟练程度和劳动强度是生产的主观标准条件。劳动熟练程度是由劳动经验和劳动技术水平所决定的。经验丰富和技术水平高的劳动是熟练劳动；经验较少和技术水平低的劳动是非熟练劳动。劳动强度是由单位时间内的劳动消耗所决定的。操作紧张、单位时间内消耗体力和脑力多的劳动强度就大；操作松弛、单位时间内消耗体力和脑力少的劳动强度就小。在社会现有的正常生产条件下，生产同一种商品，由于商品生产者的劳动熟练程度和劳动强度不同，所消耗的劳动时间是不相同的。在同样数量的时间内，熟练劳动和强度大的劳动可以比非熟练劳动和强度小的劳动创造出更多的价值。决定商品价值量的社会必要劳动时间是由社会平均劳动熟练程度和平均劳动强度所决定的。总之，决定商品价值量的社会必要劳动时间，既取决于现有的社会正常生产条件，又取决于社会平均的劳动熟练程度和劳动强度。由社会平均必要劳动时间所决定的价值量是商品的社会价值；由各个商品生产者的个别劳动时间所形成的价值量只是商品的个别价值。这就是我们所要得到的最终的命题陈述。

商品交换应该依据商品的社会价值来进行。我们通常所说的商品价值，凡不指明是个别价值时，都是指商品的社会价值。社会必要劳动时间的客观规定，对于商品生产者至关重要，它关系到商品生产者的命运。如果生产者生产单位商品的个别劳动时间少于社会必要劳动时间，从而使商品的个别价值小于社会价值，他就可以获得较多盈利，从而在市场竞争中处于有利地位。反之，如果生产者生产单位商品的个别劳动时间多于社会必要劳动时间，从而使商品的个别价值大于社会价值，这样，他生产中所多耗费的劳动就不会被社会所承认，不能通过商品的交换而得到补偿，他就会在市场竞争中处于不利地位，甚至可能亏本或破产。

当考虑另外的情况时，命题的最终陈述还可能发生变形。当一个商品生产出来并被销售后，还可能再次被重新销售或估值。这时，这个商品的价值如何决定呢？如果这种商品的生产所需要的社会必要劳动时间已经大大下降了，这个商品的价值就要用重置这个商品所需要的价值来衡量，而不能用历史价值来衡量了。如果这种商品的生产所需要的社会必要劳动时间没有什么变化，那么，这个商品的重置价值就等于它的历史价值。

生产商品的社会必要劳动时间的长短对财富增长、经济发展具有重要影响。随着社会生产力的发展，生产商品的客观条件和主观条件逐步改善，劳动生产率日益提高，生产商品的社会必要劳动时间会趋于缩短，单位商品的价值量降低，但商品生产者在同样的劳动时间内所生产的商品数量增多，从而推动一个国家的经济不断发展。然而，如果一个国家的劳动力没有变化，生产率没有变化，并且其他重要变量也不变，那么，这个国家一年中所生产出的财富用价值来衡量是不变的。

劳动价值论甚至在开放经济中也应该适用。当中国生产出原来所不能生产而外国却能生产的产品时，一般就会迫使外国产品降价。当中国无法生产某种产品时，这种产品的价格就由外国来确定了。这种产品的市场价格的确定不仅与劳动价值论有关，还与其他变量有关。这需要本章第二节的知识。

商品的价值量由生产商品的社会平均必要劳动时间决定，商品的交换比例因而以商品的价值量为基础决定，这个规律足够重要，以至于要给它取一个专门的名称：价值规律。

（二）商品价值量同劳动复杂程度的正比关系

除了熟练劳动和非熟练劳动的差别外，劳动还有简单劳动和复杂劳动的区别。简单劳动是指不需要经过专门训练和培养的一般劳动者都能从事的劳动。复杂劳动是指需要经过专门训练和培养，具有超过普通水平的文化知识和技术专长的劳动者所从事的劳动。简单劳动和复杂劳动都有熟练和非熟练的差别。

简单劳动与复杂劳动的区别具有相对性。在不同的时代和不同的国家，区别二者的标准是不一样的。随着生产技术的发展和科技教育水平的提高，过去某个时期的复杂劳动，现在可能已成为简单劳动。不同国家由于生产技术和科技教育水平不同，某个国家的复杂劳动，对另一个国家来说可能是简单劳动。当然，在一定历史时期的一定国家中，其简单劳动和复杂劳动的区别是相对固定的。形成商品价值量的劳动，可以是以简单劳动为尺度的。复杂程度不同的劳动所生产的各种商品的价值量的确定，是通过把复杂劳动换算为多倍的简单劳动来实现的。复杂劳动表现为多倍的简单劳动，少量复杂劳动所创造的价值量可以等于多量简单劳动所创造的价值量。复杂程度不同的劳动所生产的商品，可以在化为简单劳动的基础上，按照其价值量以一定的比例相交换。复杂劳动与简单劳动的量的比例，是在社会中经历了各种复杂的过程确定的，并且不一定是最优的。比如，在中国大学中，同一专业的不同教授的收入可能差别极大，教授与副教授的收入差别极大。这些差别不一定是合理的。

简单劳动和复杂劳动的概念主要是用来区分不同行业的技术密集程度。比如，高新技术产业更多需要复杂劳动。而熟练劳动和非熟练劳动是用来指同一个行业的劳动生产率。一个劳动力从不熟练到熟练可能会经历“干中学”等过程，而且这个过程还存在产生复杂劳动的可能性。

(三) 商品价值量与劳动生产率的反比关系

生产单位商品的社会必要劳动时间随着劳动生产率的提高而下降，从而单位商品价值量也必然下降。劳动生产率是指劳动的生产能力或效率。它有两种等价的表示方法：一是单位时间内生产的产品数量，二是生产单位产品所消耗的时间。劳动生产率的高低取决于各种经济和技术的因素，如劳动者的技术熟练程度、科学技术的发展水平及其在生产中应用的程度、劳动组织和生产管理状况、生产资料的质量和效能、自然条件的优劣等。商品价值量与劳动生产率的关系是，劳动生产率越高，一定时间内所生产的产品数量就越多，但所形成的价值总量却不变，从而单位产品内的价值量就越少；反之，劳动生产率越低，单位商品的价值量就越大。所以，单位商品的价值量，与包含在商品中的社会必要劳动量成正比，与生产该商品的劳动生产率成反比。但是，如果部门平均劳动生产率不变，只有个别企业的劳动生产率发生变化，则生产单位商品的社会必要劳动时间不会发生变化，从而单位商品的价值量也不变。这是因为，决定商品价值量的社会必要劳动时间，实际上体现着生产商品的平均劳动耗费，它与部门平均劳动生产率相关联，而不与个别企业的劳动生产率相关联。只要部门平均劳动生产率没有发生变化，单位商品的社会价值量就不会发生变化。然而，如果某个企业足够大，它的生产率的变化就会影响到社会生产率。

我们前面曾指出，有时劳动生产率的提高是伴随着复杂劳动出现的。因此，产品的价值量有可能随劳动生产率提高而上升。但这应该被理解为由劳动复杂性程度的提高所引起。而且就大多数情况而言，不能认为劳动生产率提高会带来商品价值的提高，否则，就会直接违背社会必要劳动时间决定价值这个基本命题。这个命题可以看作经济学的公理。

五、商品经济的基本矛盾

商品经济存在着一系列的矛盾，包括使用价值和价值的矛盾、具体劳动和抽象劳动的矛盾、个别劳动时间和社会必要劳动时间的矛盾、私人劳动和社会劳动的矛盾等。其中，私人劳动和社会劳动的矛盾是商品经济的基本矛盾。

社会分工的存在客观上决定着商品生产者的私人劳动必然转化为社会劳动才有存在的合理性。假如你劳动只是为了取悦于自己或朋友、家人，则无需这种转化。但即使在家庭劳动中，比如丈夫并不欣赏妻子的劳动，也会产生矛盾。在商品经济中，每个商品生产者都专业化从事某类或某几类商品（如教授要同时教学和研究）的生产，对其他商品的需要主要通过同其他商品生产者交换来满足。在私有制条件下，生产者的个人劳动是私人劳动。所谓私人劳动，就是生产者的劳动是按照自己私人的利益和要求所进行的，具有私人性质。在资本主义社会里，每个企业也都是独立地进行生产活动，生产什么，生产多少，都是它自己的私事，由它自己决定；生产出来的劳动成果也属于它自己所私有，经营的盈亏自行负责。然而，一旦人们生产的产品需要通过交换变成商品，生产者的劳动就不应再仅是私人劳动，而是要变成社会劳动了。

私人劳动能否转化为社会劳动，或者私人劳动在多大程度上转化为社会劳动，决定着生产者在竞争中的地位，以及盈利或亏损的程度，从而决定着他们在两极分化中的命运。有的生产者生产的产品数量和品种符合市场需求，或者他们的个别劳动时间低于社会必要劳动时间，耗费较少的个别劳动却形成较多的社会价值，这样的生产者就会发财致富。而有的生产者所生产的产品在数量、品种、结构、规格等方面不符合或不完全符合市场需求，或者他们的个别劳动时间高于社会必要劳动时间，所耗费的私人劳动不能被社会全部承认，他们就会发生亏损，甚至陷于破产。这种两极分化现象，在以私有制为基础的商品经济条件下是经常发生的。在社会主义国家，如果管理不善，也是可能发生的。

以上是商品经济的基本矛盾。而从更高的层面来看，一种事物是否作为商品也是大可商量的。在商品经济发达的地方，有些不应该作为商品的却作为了商品。比如，出卖良心、操守换取利益，就是过度商品化。经济即使大面积按照正常的伦理商品化了，依然会有商品经济无法照到的地方，例如偏远的农村。商品经济给这些地方带来的好处是微小的，带来的危害却可能是巨大的。当西方国家商品经济发达后，就冲击了当时还处于封建社会末期的中国，使得中国产生了阵阵剧痛，这还不说西方凭借坚船利炮对中国发动的战争。商品化存在一个度的问题，这个度在不同历史时期是不同的。西方不时有声音主张把毒品交易、性交易合法化。在有些地方，它们确实是合法的，但在人类绝大多数地区，它们都是非法的，都被看作地下经济，而不是普通的商品经济。

在近现代社会，西方国家生产力很高，但它们的人口规模导致市场容量都很有限。为了将私人劳动转化为社会劳动，它们迫切需要其他国家开放产品市场（以及原材料市场），这是它们主张自由贸易的根本原因。

第二节 货 币

价值是看不见摸不着的东西。它是一个思想的构建物。要使其与市场价格联系起来，需要有一个从价值通向市场价格的桥梁。在现实中，商品都有价格，很多时候都是明码标价的。价格是一个贯穿于所有经济行为的社会现象。与之相比，作为理论构建物（这点类似于第二章中的效用）的价值看起来虚无缥缈。那么，价值和价格之间是一个什么关系呢？为了讨论这个关系，我们需要区分应然价格和市场价格两个概念。

一、价格与价值之间的数量关系

马克思在否定庸俗经济学供求决定价格作为基本规律可能性的基础上（对此的数理阐释见本章第四节），提出了“价格是价值的货币表现”、“价值规律支配着价格的运动”①、“价格只是对象化在商品内的社会劳动量的货币名称”② 的命题。这些表述都带有

① 中共中央马克思恩格斯列宁斯大林著作编译局：《资本论》（第三卷），人民出版社 2004 年版，第 396、200 页。

② 中共中央马克思恩格斯列宁斯大林著作编译局：《资本论》（第一卷），人民出版社 2004 年版，第 128 页。

很强的哲学思辨色彩。为了使它们容易理解，可以操作，我们需要如下的应然价格的概念和它与价值之间关系的定理。

我们把应然价格定义为一个与价值之间具有一一映射关系，并且使得以它来计算的利润率恒等于以价值所定义的利润率的价格。在经济思想史上，曾有自然价格的概念。但是，自然价格的概念在现代经济学中并没有对应物。我们这里的应然价格就对应于自然价格。你可以假想一下人类还没有货币的时代，也进行生产，也有一个利润率。这个利润率只能用劳动价值来定义。再假想突然出现了一种东西叫作货币，并且在这种货币的作用之下，各种商品的价格的数值就等于这种商品的价值，这时的价格就是一种应然价格。在现实中的应然价格可以更加复杂一些。为了弄清这个问题，我们需要一个定理：

定理 1：如果价值（V）与应然价格（p^*）之间存在一个一一映射关系，并且以劳动价值所定义的利润率恒等于以货币价格所定义的利润率，那么，价值与价格之间的这个一一映射必是截距为 0 的仿射。

设一一映射 $V \to f(V)$ 把价值 V 变为应然价格 $p^* = f(V)$。于是，$f(1)$ 为一非 0 常数，即价值 1 所对应的价格。上述命题可以表述为

$$p^* = Vf(1) \tag{2.1}$$

其中 $f(1)$ 是自由变量，它究竟取怎样的常数数值取决于货币供给数量等诸多因素（参阅王今朝：《经济学原理》，武汉大学出版社 2018 年版）。所谓截距为 0 的仿射就是对自变量乘以某个根据一定条件确定的常数。

简单说，这个定理告诉我们，应然价格与价值之间只差一个常数。当 $f(1) = 1$ 时，应然价格就等于价值了。也就是说，在这个时候，价值为 1 时，应然价格就是 1；价值为 10 时，应然价格就是 10。

有了这个定理，我们就解决了从价值到市场价格的最重大的障碍。在实际中，应然价格也并不等于市场价格，但二者的量纲一致了。市场价格不等于应然价格是很容易理解的。垄断、天气、讨价还价的能力等因素都能影响市场价格，这些因素影响价格的机制不是一个简单的理论所能包容的，讨论它们就进入了具体的经济学分支学科，甚至无需政治经济学讨论了。

二、价值形式的发展和货币的起源

最初的仅仅偶然并且主要发生在部落与部落、氏族与氏族间的商品交换是物物交换。在这种情况下，物物交换就够了，无需货币作为交换的媒介。后来，随着经济发展，从商品世界中分离出一种固定充当一般等价物的商品，这种商品就成为货币。要了解这个过程，必须分析价值形式的发展。价值形式就是商品价值的表现形式，也就是交换价值。商品的价值表现形式是商品的社会属性，它从单个商品本身是看不出来的。一种商品只有与另一种商品相交换，即与别的商品发生关系时，它的价值才能通过别的商品表现出来。价值形式的发展经历了四个阶段：

（一）简单的或偶然的价值形式

如果交换还很少，一种商品的价值就只是偶然地、简单地表现在和它相交换的另一种商品上，这就是简单的或偶然的价值形式。比如，“1 只绵羊 = 2 把石斧”就是简单的或

偶然的价值形式。当生产力很低时，交换必然是很少的。

在这个公式中，两种商品处于不同的地位，起着不同的作用。绵羊的价值是通过石斧表现出来的，即1只绵羊的价值表现为2把石斧，反过来，1把石斧等于0.5只绵羊。绵羊和石斧的价值是通过它所交换到的对立面的数量表现出来的。所以，它们因某种等价关系而各自作为了对方的计价物。这种情形主要发生在远古时代，在现代，它最多只是偶然出现。

（二）总和的或扩大的价值形式

简单的或偶然的价值形式主要流行于原始社会。随着生产力发展，社会大分工出现，进入交换的商品种类逐渐增多，商品交换经常化了。这时，简单价值形式就逐渐发展到总和的或扩大的价值形式。用公式表示为：2把石斧=1件上衣=1公斤茶叶=1只绵羊=15公斤粮食=1克黄金=若干其他商品。总和的或扩大的价值形式，使商品的价值表现得更充分了，一种商品的价值已不只是表现在另一种商品上，而是表现在一系列与它相交换的商品上；计价物也不只是由一种商品来承担，而是由许多种商品来承担。但这种价值形式还是物物交换，发生在生产得到初步发展的经济中，比如，原始社会中期。

（三）一般价值形式

随着生产力的发展，有更多的商品交换发生了，就逐渐从商品世界中分离出一种商品，其他各种商品都习惯地与这一种商品相交换，都通过它来表现自己的价值。这样，就由扩大的价值形式逐渐发展到一般价值形式。比如，我们可以发现，对于游牧民族而言，1只绵羊可能是他们的一般价值形式。比如，如果“2把石斧=1件上衣=1公斤茶叶=15公斤粮食=1克黄金”，而社会又认为它们都等于1只绵羊的价值。在一般价值形式中，一切商品的价值统一表现在充当一般等价物的某一种商品上。一般等价物成为商品价值的一般代表，它可以和其他一切商品相交换。任何商品只要首先换成作为一般等价物的绵羊，就能用绵羊换回自己所需要的任何商品。因此，一切商品的价值都获得简单的、统一的表现形式，所以这种价值形式叫作一般价值形式。一般价值形式的不足之处是，一般等价物虽然已由某种商品来充当，但这种商品还不适合作为一般等价物：不适合保存，不适合携带，不适合分割。原始社会后期开始出现大量剩余产品，就产生了更大的商品交换需要了。

（四）货币形式

在原始社会向奴隶社会过渡的时期，出现了第二次社会大分工，即手工业从农业中分离出来，出现了专门为市场交换而进行的商品生产。商品生产和商品交换的日益发展和范围逐步扩大，就要求一般等价物在时间上和地区上具有统一性，固定地由某一种适合保存、适合携带、适合分割的特殊商品来充当。这时，货币形式的等价物就出现了。货币形式与一般价值形式没有本质区别，唯一的区别在于：在一般价值形式中，充当一般等价物的商品是不固定的；而在货币形式中，一般等价物的职能比较固定地由某种商品来承担。

货币形式也不是固定不变的。贝壳、毛皮等都曾经充当过货币商品。以后，货币的职能才逐渐固定在黄金、白银等贵金属上。贵金属之所以能固定地充当货币商品，一方面因为它本身也是包含一定价值的商品，另一方面因为它具有体积小而价值大、质地均匀、易于分割、不易腐烂、便于保存、便于收藏和携带等自然属性，因而便于执行货币的职能。

货币形式也就逐渐转到适合执行一般等价物这种社会职能的贵金属商品身上。把黄金作为货币的制度被称为金本位（gold standard）制度。对于中国这样的国家，在古代曾经实行金银的双本位制。马克思指出，金银天然不是货币，但货币天然是金银。

从价值形式的发展过程可以看出，货币的起源和产生是商品交换发展到一定阶段的自然产物，是价值形式和商品内在矛盾发展的必然结果。到了近代，替代金银的银行券和统一发行的纸币逐渐出现，成为货币的主角。在电子支付的时代，甚至纸币都在一定程度上被取代了，最后剩下的符号就能够执行货币的许多职能了。

三、货币的职能

货币的出现有利于解决商品物物交换的矛盾，促进了商品的流通。货币的出现还使得商品内在的使用价值和价值的矛盾发展成为外在的商品和货币的矛盾：一切商品只要转换成货币，商品生产者的私人劳动就实现为社会劳动，商品使用价值和价值的矛盾就能得到解决；如果商品不能转换成货币，生产商品的私人劳动就得不到社会的承认。因此，在商品经济条件下，商品能否转换为货币对商品所有者来说具有决定性的意义。马克思把商品转换成货币称为“商品的惊险的跳跃”，而且说“这个跳跃如果不成功，摔坏的不是商品，但一定是商品所有者”。

货币之所以能够解决物物交换的矛盾，是因为货币具有价值尺度、流通手段、贮藏手段、支付手段、世界货币五种职能，也就是五种作用。在其中，价值尺度和流通手段是货币最基本的职能。

1. 交易媒介功能

在物物交换的情况下，除非买者和卖者商品数量、种类和价格足够合适，否则，就往往需要借助第三方得到物资来实行交换。在经济极度简单化的时代，这还可以。随着经济复杂性程度的增加，这就太麻烦了。这看起来不错。假设有 n 种商品，物物交换的价格就会有 $n(n-1)/2$ 个。如果额外有了货币，交换的价格就只有 n 个。当 n 很大时，$n<<n(n-1)/2$。货币的出现大大降低甚至消除了在同一时间同一地点进行物物交换的必要性，为人们从事经济活动节约了时间。从这个角度看，货币是一个重大的发明。然而，真实的货币产生过程和这种基于经济理性进行的分析有很大差别。在 1023 年的宋朝，早就在四川民间产生的交子被四川知府张泳进行了官方认证，从商业信用凭证发展成为官方法定货币，成为今天世界公认的最早的纸币。而交子最初在四川民间产生，主要不是为了方便普通百姓的交易，而是因为天府之国有许多富商，他们不便携带巨款，因此一些大商人就经营起了存款业务。交子一开始是作为存款凭证来使用的。了解了上述历史，你就可以理解上面的数理分析尽管不无道理，但它只是解释了货币作为交易媒介所带来的好处，而没有解释货币的产生。

2. 价值贮存功能

货币的出现使得不是以物品的形式，而是以货币的形式进行价值贮存成为可能。货币的价值贮存功能使得生产和消费独立的形态发生变化，进一步使社会的消费与生产相独立。比如，一个人可以在年轻时参加生产，获得货币并贮存起来，而在年老时依靠年轻时的储蓄提供消费资金。

货币的价值贮存功能使得货币的数量变得重要起来。无论是贝壳还是黄金，如果在短时间内数量增加比产品增加得快，货币的价值贮存功能就弱化了。对于纸币更是如此。控制货币供给数量成为一个重大的问题。对货币的一个重要需求来自于价值贮存。

3. 价值尺度功能

这个功能主要是指货币的出现适应了延期支付的需求，即它是用来衡量债务和债权的大小的。在开放的经济中（特别是小国林立的欧洲），作为价值尺度的货币具有国别属性。比如，英国人以一定价格购买了德国人的产品，但没有当期支付，而是约定一个月或半年后支付。然而，在这段时间里，德国货币可能相对英国货币升值了，结果，英国人就可能遭受汇率变动的损失。欧洲人鉴于这种情况，他们统一了自己的货币。秦始皇统一度量衡就极大地解决了这些问题。

4. 记账单位功能

货币的记账单位的功能更多与法律规定相联系。法律规定作为记账单位的货币和作为交换媒介的货币可能是非常不同的。作为计账单位的货币要求更为统一，于是产生了不同货币之间的兑换率的问题。在这方面，自1949年以来，中华人民共和国以人民币作为记账单位产生了重要的效率。欧洲货币一体化把许多记账单位给消灭了，从而消弭了不同货币之间的兑换率问题。在国际收支中，记账单位如果采用一个国家的货币单位，就体现了该国货币的重要性，因此其成为国际政治与经济角逐的变量。比如，用黄金、英镑、美元还是人民币结算，具有重大的国际政治经济意义，体现着一个国家的国际经济领导权的强弱。事实上，美元作为国际的记账单位，使得美国享受到了太多的利益。

货币的形式是由实际需要所决定的。在历史上，许多国家内部各经济单位（政府、教会、商行、企业、个人）对小额货币的需要支撑了金银作为货币。但远距离贸易的需要催生了银行券、汇票这些硬币的替代物产生。在欧洲，汇票在13世纪的意大利产生，它用一个方向所欠的债务冲销另一个方向所欠的债务。但汇票的流通和转让直到十七世纪初才成为普遍的事情。在中国，类似汇票的事物大概在大汉时期就已经产生。纸币作为货币的主要形式较好地解决了原来由两种货币本位构成的复本位体系的不稳定性问题。在当代世界，纸币最后成为被所有国家法令所认可的货币形式，取代了原有的商品货币。

5. 世界货币

货币的世界货币职能，就是货币越出一国的范围，在国际经济关系中发挥一般等价物的作用。充当世界货币的货币，曾经是贵金属。但是，在现代国际经济生活中，由于某些国家的经济实力较为雄厚，其货币币值在国际金融市场上相对比较稳定，以及由于某种特殊的历史原因，这些国家的纸币被称为硬通货，也能起到世界货币的作用，如美元等。然而，在当今世界，美元的世界货币地位正在遭到动摇。正在部分地取代它的货币是人民币。

货币作为世界货币，执行三方面的职能：一是作为国际支付手段，用以平衡国际贸易差额；二是作为国际购买手段，用以购买外国商品；三是作为社会财富代表，从一个国家转移到另一个国家，如对外贷款和援助、支付战争赔款等。在现代国际经济关系中，随着经济全球化趋势的加强，货币的世界货币职能对促进世界经济的发展，发挥着日益重要的作用。

货币的五种职能的排列顺序大致反映了它们产生的顺序及其相互关系。其中，价值尺度和流通手段是货币最基本的职能，是货币一产生就具有的职能。其他三种职能，是随着商品经济的发展，在价值尺度和流通手段两种基本职能的基础上逐渐相继产生的。

四、货币的本质

关于货币的本质有不同的说法。有人说，货币是国家所规定的固定充当交易媒介的东西，有人说，货币本质上是由市场决定的。这两种说法并不像看上去那样矛盾。国家可以规定由市场所选择的形式来作为货币，国家的规定本身也可以作为一种所谓的市场决定。当然，任何一种决定的产生都是有条件的。当条件变化之后，这种决定就发生了变化。

把货币理解为国家所规定，有助于你摆脱货币面纱论观点的影响。从某个角度看，货币面纱论似乎是对的，但这样一来，就难以解释货币在国家经济生活中的重要性了。所以，更为科学的办法是把货币看成权力。这种权力是在一系列的事件（如存贷、危机）和制度（如准备金制度）中形成的，并在这一系列的事件和制度中表现着。货币的权力论观点能够容纳货币的面纱论观点。这是因为权力并不是总是能够起作用，也不是对所有事情都起作用。权力是一把双刃剑。把货币看成权力能够帮助人们一分为二地看待货币，而不是简单地把货币看成一个好东西，进而形成货币崇拜。

本书后面将会看到，在当代的社会生产和运作中，对货币的拥有代表着更大的权力。对于资本的分析处于全书的中心地位。货币距离资本只差一步。拥有资本的人拥有指挥他人为自己创造价值的权力，并拥有获得远超其他人收入的权利！由于货币的权力本质及其所具有的功能，特别是价值尺度的功能，使得许多社会中许多人产生了货币崇拜，或把货币看作经济生活中永恒和占主导地位的因素。那些拥有大量货币的人往往经常出现在聚光灯下、媒体头条、街谈巷议之中，有的企业界人士甚至总结出“现金为王”的说法，对货币崇拜产生了推波助澜的作用。货币很重要，有的时候具有决定性，但绝不是所有时候都具有决定性。一个人应该有点儿粪土万户侯的气概！

第三节 价值规律的表现形式和作用

价值规律就是商品经济所服从的基本规律。为什么这样说呢？它的表现形式如何和作用如何呢？

一、价值规律何以是商品经济的基本规律

根据定理1，我们可以说，价值规律是用来与$f(1)$一起确定商品的应然价格的。假设我们控制了$f(1)$的数值，应然价格就唯一地取决于社会必要劳动时间，即价值。也就是说，在控制了$f(1)$的情况下，价值规律决定了商品购买者应该为购买商品付出多少货币。这是一个非常重大的问题。因此，价值规律十分重要。

$f(1)$在决定商品的应然价格时十分重要。但如果我们考虑不同商品之间的交换，由于$f(1)$是每一种商品应然价格中都包含的一项，因此$f(1)$就被抵消了。因此，决定商品交换比例的就只有不同商品的相对价值了。也就是说，一个价值为 x 的商品可以交换到的价值为 y 的商品 x/y 件。这样看来，价值规律更为重要了。我们前面已说明，货币供给对 $f(1)$ 具有重大影响。既然商品的交换比例并不依赖于 $f(1)$，因此，也就不依赖于货币供给。在现实中，价值规律比货币数量论这种货币规律要重要得多。西方经济学中的一般均衡理论就是要求得一组相对价格。我们这里的分析表明，这组相对价格根本无需用 n 个商品市场的供求均衡来求解，而只需要确定不同商品的价值，即生产它们所需要的社会必要劳动时间就可以了。而且，这个办法是可以在实践中操作的。

价值规律作为商品生产的基本规律，并不意味着它一定会在所有商品的生产中总是起决定作用，而只是说，在大多数时间和大多数商品那里起最重要的作用。在许多市场上，商品价格波动的中心是价值。市场价格无论怎样变动，总是以价值所对应的应然价格为基础而变动的，市场价格一般不会偏离应然价格太远。这使得一台洗衣机的价格无论怎样波动绝不会低于一个洗脸盆的价格，也不会高于电脑的价格。因为生产一台洗衣机的社会必要劳动时间，大于生产一个洗衣盆的社会必要劳动时间，而小于生产一台电脑的社会必要劳动时间。

假设某种商品的市场价格超过了价值所规定的水平，那么，从社会现实来说，一定有商品的市场价格低于了价值所规定的水平。怎样证明这个道理呢？可以这样来思考：全社会就业的劳动力数量是给定的，在一年内每个人的劳动时间也是给定的。也就是说，整个社会创造出的财富要在所有劳动力中分配。如果某些企业的人分配的比例多于了他们的劳动时间的比例，那其他企业分配的比例就一定少于他们的劳动时间的比例了。这就说明，平均而言，也是劳动价值论在分配中起决定性作用的。

价值规律的这种作用并不排除其他因素在某些商品领域里一时也起最重要的作用。比如，世界许多国家的住房价格都严重背离了建造房子所消耗的社会必要劳动时间所对应的应然价格。这是不用计算应然价格是多少就可以确定的事实。因为用房子价格与工人工资的比例就可以判定。在人世间，大量现象所呈现的矛盾是如此尖锐，已经无需做烦琐的定量分析就可以知道了。反过来，对矛盾如此尖锐的现象做烦琐定量分析的人可能都与制造皇帝新衣的骗子差不多了。这也说明，掌握价值规律多么重要！理论的一个功能本来就是压缩数据。

二、价值规律在经济中的作用

任何事物都有两面性，因而会产生出正反两方面的作用。价值规律也是如此。一个国家的领导人如果英明，就应该在顺应和应用价值规律的积极作用时要控制价值规律的消极作用。

（一）积极作用

价值规律在经济中的最重要的作用就是它迫使无论是资本主义国家还是社会主义国家，进行生产都要节约时间。

国家竞赛本来是政治经济学产生的一个出发点。早期的欧洲政治经济学著作都是献给国王的。从国家竞赛的角度看，如果一个国家能够以更短的时间生产出其他国家需要更长时间才能生产出来的产品。那么，这个国家总是会在国际竞争中处于优势。

在企业之间的竞赛中，价值规律也很重要。这突出地表现在企业的资本品和消费品创新上。想要节约生产时间，除了提高识字率、积累经验之外，一个非常重要的工作是资本品生产。在西方，资本品生产被认为是能够提高劳动生产率的迂回生产。中国古人总结出的与其临渊羡鱼不如退而结网，就是这个道理。所以，价值规律迫使一个企业从事资本品生产。在这里，只要把资本品理解为机器、设备、厂房就可以了。

除了迫使生产资本品外，价值规律还诱使企业生产能够满足需求的新消费品。任何商品有价值都一定要满足社会需求。然而，社会需求不是静止不变的。所以，价值规律总是诱使那些自命不凡的企业、个人进行消费品创新，从而实现新的价值。汽车、电灯、手机等都是在这种诱使下生产出来的。

价值规律迫使企业进行资本品创新和诱使企业进行消费品创新，并不一定总是成功。但价值规律还有一个应用的场合，那就是企业的日常生产。价值规律决定了资本主义企业之间在日常生活中进行着生产率竞赛。个别企业如果提高劳动效率，使产品的个别劳动时间低于社会必要劳动时间，从而使商品的个别价值低于社会价值，但仍按社会价值出售，这个企业就能够获得更多的剩余价值，即超额剩余价值。由于这种可能，在现实生活中，总是由个别企业率先采用先进技术，提高劳动生产率，甚至是创办新的企业。个别企业提高劳动生产率的目的，是为了追求超额剩余价值。但在追逐利润的市场竞争的压迫下，超额剩余价值一般难以持久。当整个行业都采用了先进技术，提高了劳动生产率时，单位商品价值下降，超额剩余价值就会消失。

科学技术的发展也受到了价值规律的推动。企业无论是生产高于应然价格或低于应然价格的产品，都有可能获利。当一个企业因为科学技术创新开发出社会所需要的新产品，特别是这种新产品成为时尚时，它就能以高于应然价格的生产价格销售其产品，并获得巨大利益。当一个企业因为科学技术创新开发出生产既有产品的新方法、新工艺的时候，它就能以低于应然价格的市场价格销售其产品，并获得巨大利益。因此，无论怎样，科学技术创新都受到价值规律的推动。

从整个国家的宏观管理上看，以社会化大生产为基础的社会，客观上要求将生产资料和劳动力等社会资源按照一定比例合理分配到国民经济的各个部门。如果某个部门得到的资源过少，它的产品的社会估值就会增大，市场价格就会升高，吸引更多的资源进去。有时，可能甚至吸引过多的资源进入。如果某个部门得到的资源过多，它的产品的社会估值就会降低，市场价格就会下降，一些资源就无法从中得到平均的利润率了。于是，就会有资源歇业，甚至退出生产。通过这样一个反反复复的过程，一种各个部门得到的资源大致均衡的社会状态就达到了。它会表现为一些重要的比例关系。这个过程既可能是经济的自发调整过程，也可以是政府的主动而为。社会主义国家的政府在自觉地应用价值规律保持社会经济的按比例发展上具有相对资本主义国家的政府的重要优势。

然而，一个部门得到的资源过多和过少都是相对的。当得到资源过多的部门发现了产品的新用途（如开拓了国外市场、被用于作为一种新投入）后，它所得到的资源就不多了。当一个部门得到的资源过少时，社会也可能暂时无法把大量的资源转移到这个部门。这时，产品分配的配给制就可以出现。也就是说，一个社会是否让市场价格支配是这个国家的或然选择，而不是必然选择。

(二) 消极作用

第一，价值规律造成两极分化。生产条件好的商品生产者，劳动生产率较高，其商品的个别价值低于社会价值，在竞争中处于有利地位，因而有可能发财致富。而那些生产条件差的商品生产者，劳动生产率比较低，其商品的个别价值可能高于社会价值，在竞争中就处于不利地位，因而有可能亏本，甚至破产。这样，就不可避免地造成富者愈富，贫者愈贫，引起商品生产者的贫富两极分化。

第二，价值规律造成社会资源配置比例失调。价值规律的自发调节作用，往往使商品生产者从追逐私人局部利益的短期行为出发，只愿意生产价高利大和见效快的产品，不愿意投资于公共事业、基础设施、基础工业等项目，因而不利于社会资源的中长期合理配置和产业结构的优化。

第三，价值规律也阻碍科学技术的扩散。首先使用先进技术和生产经营方法的商品生产者，为了保持自己在竞争中的优势，往往要对先进的生产技术和生产经营方法保守秘密，阻碍新技术的推广和生产经营的改善，从而妨碍了生产力的发展。

第四，在一个社会主义国家，如果实施多种所有制并存政策，再任由价值规律发挥作用，必然导致一部分富有的生产者的生产经营规模日益扩大，积累大量货币资本，采取雇佣劳动方式从事生产经营，从而转变为资本家；而大量贫困破产的小商品生产者，则沦为出卖劳动力的雇佣工人，从而产生出资本主义经济关系。这还不谈改革政策的失误所产生的各种效应。

第四节　供求不决定价格

在西方，有一种错误的供给函数和需求函数理论。这两个理论合并在一起推出了一种供求决定价格的理论。为了更好地理解价值规律，我们必须阐明为什么供求不决定价格。供给、需求的概念有存在的必要，但把二者结合起来的供给函数和需求函数推出的供求决定价格理论就没有必要，甚至是错误的了。因为西方人用供求分析的框架装进去、掩盖了许多重要变量，如社会制度和技术水平，推导出了一种表面上的纯经济学理论来与政治经济学对抗。

一、为什么供求不决定价格

西方经济学得出供求决定价格的需求曲线和供给曲线可以分别表示如下：

$$D = D(P) \tag{2.2}$$

$$S = S(P) \tag{2.3}$$

式（2.2）与式（2.3）联合起来求解，可以求出一个 P，这容易让你得到一个理论：供求均衡决定价格。这实际上也是西方经济学教科书给所有大学一年级学生的印象。这种印象如此深刻，以至于许多社会人士都认为，价格是由供给和需求决定的。如果需求如式（2.2）所示的那样只取决于价格，供给如式（2.3）所示的那样也只取决于价格，那么，价格就仿佛是由供给和需求的相等（即供求均衡）决定了。图 2.1 展示了其中的逻辑。

然而，图 2.1 只是基于错误的需求函数和供给函数识别而产生的一个假象。真实的需

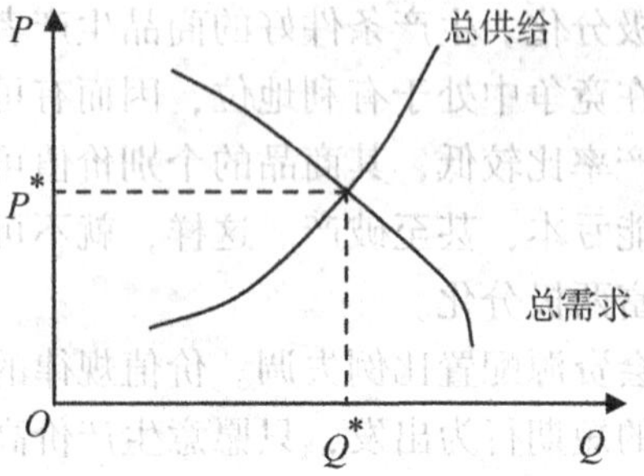

图 2.1 均衡价格和市场调节

求函数和供给函数应该写为如下方程。

$$\begin{aligned} D &= D(P,\ A) \\ S &= S(P,\ B) \end{aligned} \tag{2.4}$$

其中，A、B 分别表示影响需求和供给的其他变量。

让供给和需求相等，我们就得到如下公式：

$$D(P,\ A) = S(P,\ B) \tag{2.5}$$

再根据隐函数的概念，我们就由式（2.5）得出以下一般性价格决定公式：

$$P = P(A,\ B) \tag{2.6}$$

假设式（2.6）定义了一个函数，那么，由此推出，价格不是由供求决定的，而是由 A、B 决定的。因此，也就否定了所谓供求决定价格的观点。它还说明，供求均衡只是规定了一个从 A、B 到 P 的一个映射。

那么，A、B 应该包含什么变量呢？这样的变量很多，其中，社会的基本制度和发展阶段（Ins，Ds）对价格的影响是关键性的。基本制度确实是存在的，而且是可以变化的（想想苏联解体），而不同制度之间，社会主义和资本主义作为基本制度当然是有差异的，分别记为 soc，cap 。相比收入、天气或者预期之类，社会基本制度对价格的影响要显著得多，影响普遍性要大得多，甚至也是其他所有社会科学变量的最根本决定、影响因素。制度决定了剥削关系是否存在，决定了给定剥削制度下或无剥削制度下独立的经济行为者的选择范围（如能否买房子以及是否有按揭）。于是，$\text{Ins} \in \{\text{soc},\ \text{cap}\} \subset \{A,\ B\}$ 。于是，式（2.6）变为：

$$P = P(\text{Ins},\ \text{Ds},\ \cdot) \tag{2.7}$$

式（2.7）揭示了价格在不同制度和同一制度不同阶段中存在差异的可能性。① 在社会主义条件下，如果让市场自发地决定价格，由于自由竞争发展到垄断的必然性，就一定

① 这里并不否定两种制度也可能具有一些共性。比如，无论在哪种制度下，由于交易的复杂性以及度量和监督其属性的成本很高，都不可能对全部属性进行定价。化工厂使用煤炭等同时生产出化工产品和粉煤灰（尽管是作为副产品）。这里，煤炭就具有多种属性。因为粉煤灰可以用于制砖，它如何定价将会影响煤炭定价。按照制度经济学的交易成本理论，由于很难确定属性，粉煤灰将具有公共产品的性质。

会出现资本支配市场的结果。这也说明，姓社姓资是你想回避也无法回避的问题。这证明，马克思的供求不决定价格的论断是正确的。

我们的上述推理与马克思对供求规律的其他看法也是一致的。比如他说：“相对过剩人口的不断产生把劳动的供求规律，从而把工资限制在与资本增殖需要相适应的轨道以内”。① 这也就是说，供求规律本身受到了相对过剩人口的限制。这意味着供求规律不是最高的规律。对于接受最低工资的工人来讲，供求规律也并非必然发挥作用，他们接受最低工资是他们所受的资产阶级的教育以及在此以及其他背景下所形成的传统与习惯所造就的。而社会主义国家更是可以把工人的工资提高到显著超越资本主义国家的工资水平之上。

【阅读材料】

有人说：“供求的确决定价格，马克思也承认的。供求不能决定的是价值。”“把制度引进来，劳动价值论就不成立了。”

上述说法是不对的。在马克思看来，价值应该是价格决定的最主要因素，即价格中应该有超过50%以上的成分是由劳动价值论来决定的（这里不考虑量纲问题）。但这样一来，如果承认供求的确决定价格，那么，供求是否就决定价格中的相当一大部分（超过50%）呢？这是否意味着供求就决定价值的相当一部分了呢？或者这样来看，价格=价值+（价格-价值）（这里也没有考虑量纲问题）。如果马克思认为供求决定价格，劳动时间决定价值，那么，供求就只能决定价格减去价值的部分。这样来看，供求也是不可能决定价格的。即使马克思著作有供求决定价格的文字，也不是在价格与价值的二元对立的意义上说的。而且，本章的数理分析已经从供求理论自身逻辑出发证明了供求均衡只是决定了价格与社会制度、发展阶段、技术水平等变量之间存在对应关系，而不是决定价格的具体数值。据此结论，在价格的决定中引进制度因素并不否定劳动价值论；比如，中国的房价无疑是受到一些制度的影响、决定的，而不是受价值决定的。因此，只有把制度引进来才能揭示出中国房地产市场中存在的不合理性。而在其他价格适中的场合，也必然有制度的影响。因此，这里引进来，并不涉及劳动价值论。再比如，垄断本身可以看作一种制度形式，国际的高油价不是垄断导致的结果吗？就是那些价格合理的场合，实际上也隐含着制度的作用，只不过没有明确显示罢了。实际上，社会必要劳动时间的决定也是与制度分不开的。不能说，把制度引进价格的决定之中，劳动价值论就不成立了。

二、价值决定价格和所谓供求决定价格的差别

对于上面的分析，许多人可能还是觉得难以理解。为了进一步展示为什么供求决定价格的理论要不得，我们可以看图 2.2。

---

① 中共中央马克思恩格斯列宁斯大林著作编译局：《资本论》（第一卷），人民出版社 2004 年版，第 846 页。

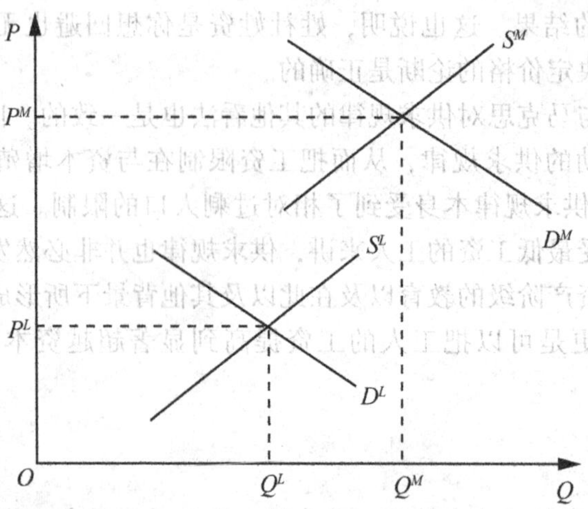

图 2.2 区别不同的劳动价值论基础上定价的均衡和所谓市场均衡

在其中，S^M 和 D^M 分别表示所谓市场机制下的住房供给和住房需求，S^L 和 D^L 分别表示建筑企业在劳动价值论支配下的房价水平附近的住房供给和住房需求。前者决定了所谓市场价格。但后者也有一个市场价格。很显然，这两个价格是不同的，它们之间的差异极大。你可以设想前者相当于北京、上海、深圳的房价，而后者是你心目中这三个地方应然的价格，与你的劳动价值匹配的价格。比如，这个价格是你的年收入的 10 倍。那么，从国家的角度看，应该确定哪个价格为合理的呢？只能是下边的。按照劳动价值论，许多商品的价格不可能出现巨幅的上升。这可以让你在市场不稳定时稳住自己的心态，而不是追涨杀跌。

这个图还告诉你，如果你对一个可能的状态感兴趣，那么，均衡或许是你愿意使用的概念。但永远记住，不能未加检验就把均衡当作真实世界的常态。均衡可以是你所假想的理想世界的常态。你所假想的理想世界和真实世界可能相距甚远。如果你做出了纯粹虚构的假设，就不能用所假想的理想世界去逼近真实世界。比如当一个社会存在阶级的时候，你却忽视了阶级的存在，假设阶级不存在，那么如果阶级对于你所分析的问题产生重大的作用，你忽略了阶级的模型就无法让你去理解真实世界。类似的纯粹虚构的假设还很多。比如你认为没有垄断、公共物品、不对称信息、交易成本、政府，你认为所有人都相同，等等，都属于纯粹虚构的假设。有时候，这些纯粹虚构的假设可以用来对抗另外的纯粹虚构的假设。但为什么不去抓真实世界中主要的真实问题呢？

三、通货膨胀与阶级斗争

在西方经济理论中，有一种流行的观点认为，通货膨胀就是货币供给太多。这种流行观点被称为货币数量论。这个名词我们在前面已经提到，并表明，它在重要性上不可能高于价值规律。由于它作为西方的一种解释价格的重要理论，因此，有必要对它的逻辑问题进行深入的探讨。在一些极端的情况下，货币数量论是有一些用途的。然而，它没有解释货币为什么供给太多，这使得它只能成为一种表面分析。对货币供给太多的解释恐怕就不能不与马克思所强调的阶级斗争概念联系起来。尽管这种联系也是多种多样的。我们这里介绍两个历史案例来揭示这种联系。

（一）案例一：20 世纪 70 年代的美国通货膨胀①

这一轮通货膨胀，据信对资本——尤其是金融资本——的打击远远大于对劳工的伤害。在当时，美国劳动者拥有强大的议价权，可以不断向雇主要求涨工资，以应对不断上涨的物价，保证自己的消费能力不下跌。同时，货币的不断贬值大大减轻了普通劳动者的债务负担。

但资本家就没有那么好运了。在通货膨胀面前，他们的资本收入与固定资产大幅贬值。换句话说，这一历史时期的通货膨胀，其实起到了劫富济贫的阶级再分配效果。法国经济学家皮凯蒂就指出，在 20 世纪 70 年代，西方国家的收入不平等程度快速缩小，降到了历史最低点。

这一局面促使资本家们动员起来，试图削弱劳工的议价权。这是“新自由主义改革”浪潮的重要诱因之一。里根、撒切尔夫人等新自由主义政客上台后，开始强力镇压劳工运动、废除保护劳工的政策。同时，他们也致力于削减社会福利、减少政府赤字，因此他们往往支持央行严格控制货币供应、从而倒逼政府“勤俭持家”。

从 20 世纪 70 年代到 80 年代初，当时的政治、经济精英们也主要从阶级权力的角度理解通货膨胀：削弱劳工权力和抑制通货膨胀，实际上就是一件事。这时，货币主义思想适时兴起，让执政者有机会把新自由主义改革定义为“技术性调整”、从而掩藏“阶级斗争”这一政治根源：可没有什么针对阶级的打压哦，不是“钱太多”导致通胀吗？那就理所当然得用紧缩性财政和货币政策喽，就像“血糖升高就要打胰岛素”一样天经地义。

20 世纪 80 年代后，西方发达国家的通货膨胀确实被抑制住了，这似乎证明了货币主义理论的正确：看吧，收紧货币供应，确实能治愈通货膨胀。但不要忘了，镇压劳工运动、弱化劳工权力，同样是新自由主义改革的重要部分。那你说，抑制通胀，究竟靠的是货币紧缩还是打压劳工呢？

（二）案例二：1937—1945 年的中国通货膨胀②

我们用这个案例来反映通货膨胀与阶级斗争关系的复杂性。

1946 年，国民党撕毁停战协定，发动了内战，企图在短期内就消灭中国共产党。这时，中国共产党已经积累了较为雄厚的力量，并采取了多种战线作战的方案。其中一条重要战线就是金融战线。有人认为，国民党的失败很大程度上是由于中国共产党发动的金融战造成的。而其实，早在日本侵华时期，国民党统治区的通货膨胀就已经非常厉害了。有的研究认为，国统区的物价指数从 1942 年 12 月的 66. 2，升到 1943 年 12 月的 228，再升

① 本案例选自张跃然：《通货膨胀史，也是阶级斗争史》，http：//mp. weixin. qq. com/s/DyjWE_pbmSGgTThEn8D1fg。2016-07-29。

② 本部分的一些内容（包括表格内容）取自 http：//mp. weixin. qq. com/s/G _ WuGLvVfTOUMOzlOV6AGA。

到1944年12月的755，又升到1945年12月直冲霄汉的2167，如表2.1所示。

无论上述指数是否正确，日本侵华时期国统区物价飞涨是没有疑问的。而造成这种物价飞涨的最主要原因无疑是日本侵华这个非常重要的阶级斗争因素。日本侵华所造成的民族矛盾甚至使得中国国内的阶级矛盾的地位都下降了。当然，从本质上来说，民族矛盾就是一种阶级矛盾。

表2.1　　抗战时期国统区物价指数表

时　间	指　数
1937年上半年	1.00
1937年底	1.18
1938年底	1.76
1939年底	3.23
1940年底	7.24
1941年底	15.96
1942年底	66.20
1943年底	228.00
1944年底	755.00
1945年8月14日（日本投降）	1763.00
1945年底	2167.00

除了民族矛盾这种矛盾外，造成日本侵华时期国统区物价飞涨的还有其他一些因素。有人认为，国共之间的谍战导致了国民党政府无法借助美国力量来稳定国统区的货币。本来，1941年底太平洋战争爆发使美国认识到中国战场的重要性，在1942年3月与国民党政府签订《美国财政援助协定》，向国民党政府发放5亿美元"无担保、无利息、无偿还年限、无指定用途、无附带条件"的信用借款。国民党政府根据国统区通货膨胀的严重情况，决定"用这笔借款作为发行钞票之巩固准备金，以增强法币之信用；发行以美元为准备金的国内公债，增加储蓄存款，吸收已发行的法币；实施黄金政策，抛售黄金，举办黄金存款和法币折合黄金存款等业务；此外还购进原棉及纺织品等必要的生活物资，以解决战时物资缺乏的问题，稳定经济。"为此，国民党政府向罗斯福提出，将5亿美元借款中之2亿美元，以35美元1盎司的价格，从美国国库购黄金570万两，连同国民政府存于美国的黄金50万两，一并运到中国。此议经美参众两院讨论通过，罗斯福同意。1943年7月，美财政部长摩根索作了书面签字承诺。然而，这些决定都没有得到执行。一些文章认为，国民党政府于1944年12月31日已经失信于中国人民，之后，国民政府又必须在1945年3月31日以前，按照人民所已经预缴的法币之数，付给人民以相当于5000万美元的黄金，在同年6月30日以前付给人民以相当于8400万美元的黄金。截至1945年4月18日，现售黄金欠付31万余两，折金存款不能支付者高达130万余两。更奇

特的是，国民党政府居然采用了黄金储户“六折还本”的办法来解决所谓“腐败”问题和美国黄金不能如期送达的问题。

案例分析虽然不是完全归纳法，但它证明，在通货膨胀中完全可能是阶级斗争的因素在起主要作用。对通货膨胀原因的分析不能只看到货币而不见阶级斗争。如果未经研究就排除阶级斗争因素，就把通货膨胀的原因归结为货币数量这个表面的因素，在科学性上是极低的，在行动上将是无效的，在理论上是骗人的。

复习思考题

1. 什么是商品二因素和生产商品的劳动二重性？

2. 为什么说价值是商品的社会属性，体现着商品生产者相互交换劳动的社会关系？

3. 商品的价值量是怎样决定的？美国和中国生产同一类产品，通常换成同一种货币，美国产品的价格要高。假设美国劳动生产率更高，请问为什么美国产品价格高？这是否违背劳动价值论？

4. 为什么说私人劳动和社会劳动的矛盾是以私有制为基础的商品生产的基本矛盾？

5. 货币是怎样产生的？它的本质是什么？

6. 货币有哪些职能？

7. 价值规律的内容和形式是什么？在以私有制为基础的商品经济中，它对社会经济的发展起哪些作用？

8. 商品经济和市场经济是什么关系？

9. 假设你博士毕业后和一个水平比你高的人合作写书。你在他的指导下工作，他告诉你怎样写，并占据大部分劳动成果。这样，你的大量的时间被耗费了，而他没有多少劳动时间被耗费。没有他告诉你怎样写，你将长期在黑暗中摸索，无法证明你能够创造价值。但假设写完一本书后，你知道怎样写书了，他还要求你如以往一样跟他合作写书。这时，你还愿意吗？试用劳动价值论解释之。

10. 中美人均收入差距较大，但中国人的聪明程度、勤奋程度可能都比美国人高。从劳动价值论怎样看待中美之间的人均收入差别？

第三章 资本和剩余价值

第二章研究了商品的二因素、它的货币表示和价值规律。商品早在原始社会末期就已经出现。所以，第二章还不完全是关于资本主义的经济学。那么，资本主义社会中商品生产到底具有怎样的特征呢？对此问题的回答需要在劳动价值理论的基础上，阐明资本主义生产方式建立的过程，需要揭示资本的本质，阐明剩余价值的基本生产方法，并进而阐明与剩余价值理论密切联系的资本主义工资理论和资本积累理论。

第一节 资本主义生产方式的形成：资本原始积累

资本主义生产方式的建立需要许多条件，欧洲的资本主义私有制是在封建社会私有制内部建立起来的。封建社会的生产方式是以劳动者租用地主土地和向地主交纳实物或货币地租而剩余归自己所有为特征的小生产（中国 1980 年后的家庭联产承包责任制是劳动者耕种集体土地，也是小生产，但不是封建社会的生产）。不系统地破坏劳动者对土地的接触（怎样生产的问题）、破坏劳动者把土地产品作为自己的主要生活来源（生产什么的问题）的旧制度，从而破坏封建地主的土地私有制，资本主义生产方式就无法形成。

在西欧进入资本主义社会之后很久，许多封建的以及其他类型的社会都没有如西欧社会那样发展起资本主义私有制。马克思《历史学笔记》第一册中对罗马帝国、意大利历史的详细梳理表明，罗马的城市繁荣和商业发展没有催生资本主义，小块土地的自由农民即使土地被剥夺，也没有变成雇佣工人。意大利农奴制瓦解之后只是产生了资本主义萌芽。这正与明清时期的中国是类似的。在后来形成的美洲殖民地中，在抢夺土地的基础上，许多移民都能够把土著居民共有的土地转化为自己的私有财产和生产资料。他们在耕种土地的同时还从事其他职业，例如建造自己的房屋，制造一部分自己的家具和工具，制造自己的生活用品，从事一些家庭手工业、副业。农业还没有和工业分离，农村家庭工业还没有消亡。这个时期，殖民地的一个这样的劳动力可以养活五六个孩子，甚至七八个孩子。这都说明，商业和货币流通的发展不一定产生资本积累，劳动者与土地的分离可能不会产生自由劳动力，兴起的资本主义萌芽可能会再度被小农生产方式吞噬，等等。

尽管资本主义生产方式需要具备一系列条件才能形成，尽管各国资本主义的发展并不同步，但是如下两个社会经济条件对于资本主义生产方式的建立是基本的：一是少数人手中积累了大量货币财富，从而使得他们有条件雇用大批劳动力，进行较大规模的生产，他们形成资产阶级；二是大批自由劳动者一无所有，他们可以而且必须靠出卖自己的劳动力维持生存，他们形成无产阶级。这两个基本必要条件的形成过程，就是资本的原始积累过程。资本主义原始积累就是指最初资本的形成和资本主义生产方式的建立。这就是资产阶级和无产阶级形成的过程，也就是少数人资产阶级化而多数人无产阶级化的过程。中国一些人所说的原罪与此是具有相似之处的。

一、大量货币财富在少数人手中的积累：资产阶级的形成

在封建社会内部，少数人靠农业以外的方式积累起大量的货币财富。中世纪的欧洲已经留下了两种不同的资本：高利贷资本和商人资本。从中世纪的农奴中产生了初期城市的城关市民，从这个市民等级中又发展出最初的资产阶级分子。这些人一心想变成先富起来的人，开始寻找并找到了如下的发财致富手段。

（1）海外、海上掠夺。1648年的荷兰几乎独占了东印度的贸易以及欧洲西南部和东北部之间的商业往来，它的渔业、海运业和工场手工业都胜过任何别的国家，以至于英国都需要从荷兰贷款。包括荷兰在内的许多西欧国家的新兴资产阶级还远涉重洋，用武力征服殖民地，杀戮土著居民，抢夺他们的金银财宝，进行掠夺性的殖民贸易，贩卖奴隶和鸦片，进行商业战争等。荷兰人贿赂葡萄牙总督又把总督杀掉以节约成本，囤积粮食造成饥荒以卖出高价。马克思指出，“美洲金银产地的发现，土著居民的被剿灭、被奴役和被埋葬于矿井，对东印度开始进行的征服和掠夺，非洲变成商业性地猎获黑人的场所，这一切标志着资本主义生产时代的曙光”①，是原始积累的最初始的主要因素。

（2）国家债务。马克思说，原始积累在17世纪末的英国系统地综合为殖民制度、国债制度（服务于殖民制度、海外贸易、商业战争）、现代税收制度和保护关税制度，② 其中包含着最残酷的暴力。法国的产业资本相当一部分直接来自国库，即来自国家发行的国债。在美国，南北战争造成了巨额国债以及随之而来的沉重赋税，产生了最卑鄙的金融贵族，大面积的公有土地被分送给经营铁路、矿山等的投机家。③ 国债经营一般是被少数金融公司所垄断，因为政府不可能来竞争性地发行国债。少数人在这个过程中先富、暴富起来。

（3）合法或非法掠夺、盗窃、贱买国有土地、公共土地、教会地产，把它们转变为私人地产。这为资本主义农业夺得了地盘，为土地与资本结合创造了条件。市民资本家鼓励这种做法，因为土地可以转化为纯粹的商品，从而扩大农业生产规模，同时又能迫使失地无产者作为劳动力供给他们使用。

（4）生产的发展。这在英国最为明显。以机器纺纱和织布为特征的大工业建立了城市部门活动对农村活动的主导权，消灭了农村家庭手工业和工场手工业，彻底剥夺了大多数农村居民的生产资料。比如，纺织业的发展使得养羊成为一种比种植更为赚钱的活动。对公有地的暴力掠夺（圈地运动）大多伴有把耕地转化为牧场的现象。这意味着经济活

---

① 中共中央马克思恩格斯列宁斯大林著作编译局：《资本论》（第一卷），人民出版社2004年版，第860~861页。

② 中共中央马克思恩格斯列宁斯大林著作编译局：《资本论》（第一卷），人民出版社2004年版，第861页。

③ 中共中央马克思恩格斯列宁斯大林著作编译局：《资本论》（第一卷），人民出版社2004年版，第866页。

动从农业转向工业。圈地加强了租地农场的垄断地位，提高了生活资料的价格。英国的工业生产力越发展，英国的工业资本也就越征服整个国内市场。这种关系甚至扩散到了农业部门。

(5) 世界市场。世界市场对于资本主义生产方式的形成是十分重要的。美洲的发现不仅为英国的大工业提供了一种世界性的市场，而且使得欧洲特别是英国的商业、航海业和陆路交通得到巨大发展。这种发展又反过来促进了工业的扩展。除了美洲，亚洲和大洋洲起到了类似的作用，尽管这些洲在19世纪的命运各不相同。

总之，原始资本积累是依靠在国内和国外的广泛的暴力进行的。马克思因而称暴力是新社会的助产婆，认为暴力就是经济力。所有这些暴力都是在所谓盈利动机的驱动下进行的，奴役所能奴役的任何人就能发财致富。当赚钱被这些少数人信奉为人类最终和唯一的目的时，商业上的背信弃义、贿赂、垄断与社会上的偷盗、贩卖与残杀人口、种族灭绝，普通人被强行与家人分离、关进（秘密）监狱、贩卖到国外，就是家常便饭了，而且每一项活动都达到了惊人的规模。

资本原始积累最典型的过程发生在英国，并随后逐渐在德国等国加以移植和复制。

二、悲惨世界：无产阶级的形成

无产阶级的形成是与资产阶级的形成相伴而行的。为了获得更多的财富，资产阶级需要劳动力。对农民土地的剥夺，使破产农民成为近代无产者，是资本原始积累的基础之一。在下流、龌龊、卑鄙、可恶的贪欲驱使下，资产阶级剥夺农民的土地使用权、生活资料和劳动工具，因为不这样干，就没有办法建立起资本主义的大农业和大工业。一旦劳动者转化为无产者，劳动条件转化为资本，一个个独立经营的劳动者就被剥夺了，就无产化了。劳动者就被强迫在劳动营中劳动了，就转变为无产阶级了。

无产化是一种劳动者同劳动条件分离的社会运动，而不是指某些人由于家庭等原因一无所有。这种运动最典型的例子就是英国的圈地运动。对荒地的圈围使平民失去了他们的一部分生存资料。圈地还使小租地农民变成雇佣工人，使他们不得不到市场上去购买自己所需要的一切，使他们的劳动更重，所受的劳动强制更大。① 在此之前的14世纪下半叶欧洲就有无产阶级，但当时它的人数还很少，在社会上的地位与雇主也是比较接近的。雇主所拥有的不变资本（机器、设备、厂房、原材料）相对于可变资本（为雇用劳动力所花费的）还很少，谈不上使用什么技术。这时，法律甚至可以规定城市和农村的计件劳动和日劳动的最高工资率，处罚支付高于最高法定工资的人，并对接受高于最高法定工资的人实施更为严厉的处罚。工人结社被视为严重的犯罪。

随着资本主义在欧洲的发展，无产化过程越来越普遍地发生了。原来的大批农村小农断断续续地但在时间和空间上一再重复地被剥夺和被驱逐，失去房屋和租种（地主）土地的可能性，从而变成无产者，也就造就了规模庞大的现代无产阶级。所谓无产阶级，就是无产化后由大批无产者所构成的依靠工资或非正式收入生活的阶级。资本主义条件下的

---

① 圈地还导致产生了耕地和牧场之间的比例的问题（对应今天中国的工业用地和农业用地的比例问题）。

工资水平使得工人由于缺乏必要的生活资料，必然陷入绝对的几乎是奴隶般的依赖状态。农业工人的工资甚至必须由官方的济贫费来补助。

无产化的过程不是瞬时完成的。在英国，无产化的过程花了三百多年。从15世纪末到19世纪初，一批又一批的农民被赶出土地。他们流离失所，沦为乞丐、盗贼和流浪者，新兴的资产阶级利用血腥的立法和残酷的惩治，迫使他们进入工厂，接受严酷的雇佣劳动制度。德比郡、诺丁汉郡，特别是兰开夏郡在远离城市的地方修建了使用最新发明的机器的大工厂时，需要成千上万的手指细小而灵巧的儿童。于是，成千上万的从七岁到十四岁的无依无靠、本来生活在伦敦、伯明翰等地的教区贫民习艺所的儿童就被运到北方，在手拿皮鞭的监工的监督下没日没夜地劳动，以至于这些遥远的山谷竟成为折磨人，甚至常常虐杀人的恐怖之地。①

在这三百多年中，资本主义国家出现了许多中间阶层。有的中间阶层在后来消失了，有的则获得了更强的经济力量。比如，在农业部门，先是出现了半租地农场主，后来又出现了租地农场主。半租地农场主租种地主的土地，使用由地主提供的种子、牲畜和农具，也雇用农业工人。他们与地主按照合同规定的比例来分配剩余产品（货币或实物），这被称作分成租佃。在这种经济中，牲畜本身既是经济动物，又是生产工具，还可以为耕作提供肥料。有西化的中国学者对这种企业进行过研究。半租地农场主如果不再自己耕种，而只是雇人耕种，就变为租地农场主了。租地农场主的收益可能得益于农业革命②、掠夺公有牧场、贵金属价格下降、工资下降、农产品（谷物、羊毛、肉类）价格上涨、租约期限延长（可能长达99年）。有时，租约内容也有利于租地农场主，如支付的地租按照以前的货币价值确定，使得他们可以享受通货膨胀带来的好处。由于这些不费租地地主力气就能赚钱的因素，在16世纪末，英国就有了一个已很富有的资本主义租地农场主阶级了。③ 他们在英国农业有时以谷物种植业为主，有时以畜牧业为主的变化的环境中游刃有余。

中间阶层的消失有的迅速，有的缓慢。比如，为地主服务的农奴的地主管事消失得就很迅速，而自耕农就不是一下子就完全消失了。这个阶层中一些人身份变化了，但另一些人又以这种身份出现了，只不过人数在减少，处境在日益恶化。

总之，下层人民的生活在各方面都恶化了。对此，马克思说："资本来到世间，从头到脚，每个毛孔都滴着血和肮脏的东西。"④ 英国的无产化为资产阶级准备了市场。当资本主义生产方式已经非常强大的工场手工业时期来临后，用法律来规定最高工资已经行不通，而且没有必要了。

在总人口不变甚至增加的情况下，一个社会中一种人数量的增加，必然意味着至少另

---

① 中共中央马克思恩格斯列宁斯大林著作编译局：《资本论》（第一卷），人民出版社2004年版，第868~869页。

② 如工作方法的改进、协作的扩大、生产资料的积累。

③ 中共中央马克思恩格斯列宁斯大林著作编译局：《资本论》（第一卷），人民出版社2004年版，第853~854页。

④ 中共中央马克思恩格斯列宁斯大林著作编译局：《资本论》（第一卷），人民出版社2004年版，第871页。

一种人的数量的减少，除非这个社会有大量人口“移居”国外。无产化运动不仅是对农民的剥夺，也是对封建贵族和地主阶级的剥夺。英国的资产阶级革命造成了这么大的社会动荡，必然遭到反抗。地主阶级领导的反抗最终没有成功，而无产阶级在19世纪上半叶的威胁性行动，只是导致了残酷的禁止结社和罢工法的逐步终止，也并没有带来一个丰硕的成果。

三、资本原始积累的性质

资本原始积累构成资本主义制度的历史起源。它绝不是一种田园诗式的过程，绝不是凭借聪明、勤劳、节俭来进行的。它是资产阶级运用一系列暴力手段剥夺本国和殖民地的小生产者，使他们与生产资料相分离的过程。这种剥夺是极其残酷的，是“用血和火的文字载入人类编年史的”。资本原始积累利用集中的、有组织的社会暴力，来大力促进从封建生产方式向资本主义生产方式的转变过程，缩短过渡时间。

当资产阶级借助暴力这种助产婆初步站稳脚跟后，在致富这种强烈的动机下，他们就为所欲为了。他们公然地用新的生产力使原来的农奴与土地相结合，仅仅主要生产粮食的封建生产方式解体，从而使得地主阶级逐渐丧失自己的劳动力。他们借助文艺复兴的人物打出的自由、平等、博爱的口号与封建贵族争夺劳动力，诱使劳动力摆脱（封建）土地束缚、他人（封建贵族、行会）束缚的时候，支配自身，把劳动力出卖给他们使用。只有当这个过程基本完成后，西欧才真正地从封建社会转型到资本主义社会。① 我们可以把这个过程用下面的公式表示出来：

$$
\begin{array}{ccccc}
\text{自耕农·佃农} & \oplus & \text{土地·农具} & = & \text{封建社会生产方式} \\
\downarrow & & \downarrow & & \\
\text{雇用工人} & \oplus & \text{资本} & = & \text{资本主义生产方式}
\end{array}
$$

其中，↓表示转变为，⊕表示结合，=表示定义。

这个过程是工业资本家战胜封建势力及其令人愤恨的特权的结果。他们的手段是卑鄙的。资本主义从封建的奴役之中解放了劳动力，但又使他们遭受另外一种奴役。马克思把普通劳动者所经历的这种转变称为从封建贵族的奴隶变为雇佣奴隶或工资奴隶。在这种转变中，普通的劳动者失去房屋和租种土地，其中大部分将重新在资本主义的生产方式下找到房屋和生活来源，过着工资奴隶的生活。而还有相当一部分连工资奴隶的生活都过不上，因为他们被永远地抛弃在失业大军中。

资产阶级的这种发展的每一个阶段，都伴随着相应的政治上的进展。它在封建主统治下是被压迫的等级，在公社里是武装的和自治的团体，在一些地方组成独立的城市共和国，在另一些地方组成君主国中的纳税的第三等级。后来，在工场手工业时期，它是等级君主国或专制君主国中同贵族抗衡的势力，而且是大君主国的主要经济基础。最后，从大工业和世界市场建立的时候起，它在现代的代议制国家里夺得了独占的政治统治。现代的西方国家政权不过是管理整个资产阶级的共同事务的委员会罢了。

---

① 同样的道理，一个社会主义社会中的劳动力如果被资产阶级夺取过去，这个社会主义社会就被颠覆了。苏联就是这样解体的。

亚当·斯密把资本主义经济描述成一种不大需要政府而由看不见的手支配的经济。许多人相信了亚当·斯密的这种谬论。看不见的手的隐喻掩盖了资本的原始积累，掩盖了资本家的支配性作用。实际上，无论是现代的市场、产业还是城市，都是在资本家阶级的主导下发展起来的，都会因为资本家阶级的需要的变化而变化。后来的许多西方经济学家也都错误地理解了亚当·斯密，认为他的重大的经济学贡献在于提出了分工理论或市场理论。亚当·斯密认为分工带来市场的扩大，其实，是由于生产力的发展带来了市场的扩大。市场不过是交换的场所，正是由于生产力的发展，使得需要交换的商品的数量大大增加了，从而使得市场的规模相对于封建社会大大扩展了。马克思把这概括为生产力对生产关系的决定性作用。梁启超在考察美国后认为，美国人买的多，卖的也多。其实，他没有如马克思那样理解商品经济，没有如马克思那样看到大规模商品生产只有在资本主义和后来的社会主义的形式上才能担负得起。① 资本主义生产实际上是在同一个资本同时雇用人数较多的工人，因而劳动过程扩大了自己的规模并提供了较大量的产品的时候才开始的。人数较多的工人在同一时间、同一空间（或者说同一劳动场所），为了生产同一种商品，在同一资本家的指挥下工作。

就城市化而言，西方国家大规模的城市化进程，起源于近代的工业革命。城市化作为一种经济和社会发展的形态，和工业化似乎是一对“孪生子”，它们就像两个车轮，承载着人类社会滚滚向前发展。18 世纪从英国发端的工业革命，使西方城市的初始形态——城邦与城堡——开始从政治管理中心和军事防卫堡垒，转向以工厂生产和贸易交换为主体形态的经济中心。在第一次产业革命的推动下，1851 年英国的城市化水平就超过了 50%，率先进入成熟的城市化阶段。法国、德国、加拿大等国家相继启动了城市化进程。马克思说：“资产阶级使农村屈服于城市的统治。它创立了巨大的城市，使城市人口比农村人口大大增加起来，因而使很大一部分居民脱离了农村生活的愚昧状态。”② 19 世纪 40 年代到 20 世纪 50 年代，第二次产业革命在美、德、法等主要资本主义国家兴起，使得重化工业取代纺织等轻工业而成为主导产业。这个城市化进程不可避免地衍生出了“城市病”：环境污染、人口拥挤、城市犯罪及各种社会问题接踵而至。然而，无论西方城市化如何发展，其背后的最基本、最根本的社会关系依然可以用资产阶级和无产阶级的二元结构来定义。这种二元结构是资本主义经济制度的不变量。

第二节　资本本体论

本体论是对一个事物本身究竟是什么的探讨！一个事物是什么，必须用它与其他所有相关事物的关系来说明。之所以这样，是因为用 A 与 B 的因果关系可以证明 A 是好的，而用 A 与 C 的因果关系的时候，A 可能就会被证明是坏的了。从 A 与 B 的因果关系中得

① 社会主义社会有大量的商品生产，但也必须有大量的非商品生产。它的商品生产的范畴比资本主义的商品生产范畴要窄，性质上也不尽相同。

② 中共中央马克思恩格斯列宁斯大林著作编译局：《马克思恩格斯文集》（第二卷），人民出版社 2009 年版，第 36 页。

到利益的人可能根据这个利益就认为A是好的，而在A与B的因果关系中利益受到损害的人（由A与C的因果关系证明），则认为A是坏的。对于资本的本体论认识就是在这个框架下展开的。

一、资本的共性和特性

如果你追求的是现代经济增长（B），你很容易得出资本（A）是经济增长原因的结论。从没有资本就没有现代经济增长的意义上，A当然是好的。但如果你从社会大多数人（C）没有享受到现代经济增长的好处的角度来看，“A是好的”的命题就难以成立了。这时，你就会发现，A不是一个简单事物了。那么，资本（A）究竟是什么呢？

（一）作为社会关系的资本

这里，我们叙述资本的一般性质。从辩证的观点看，任何事物都是特殊性与一般性和表面性与内在性的统一，资本也不例外。资本的一般性质是每一种资本作为资本所共有的规定，或者说是使任何一定量的价值成为资本的那种规定。这种规定并不是一眼就能看出来的。在表面形态上，资本总是表现为一定的物品，如厂房、机器、原材料、制成品等。因此，人们在观念上很容易形成错觉，仿佛厂房、机器这些生产资料天然就是资本，天然就具有增值的魔力。这种错觉就是资本的拜物教观念。在某些研究中把资本仅仅看成物是允许的。在马克思的话语中，也有把资本当作物的时候。但对于政治经济学来说，必须首先透过物，来看到物之下所隐藏的关系。许多研究者实际上也完全承认资本体现了生产关系。所以，马克思绝不是把资本只等作物。资本当然体现在物中，当这些物静止时，它不是资本，只有运动起来，被用来生钱时才变成资本。因此，从理论概念上说，资本不是从物的角度来看待物，而是从关系的角度来看待物。物必然、最终要反映社会关系，资本就是对物所蕴含的社会关系的反映。

马克思指出：“资本不是物，而是一定的、社会的、属于一定历史社会形态的生产关系，后者体现在一个物上，并赋予这个物以独特的社会性质。”① 这些物只有在充当剥削和统治工人的手段时才成为私人资本。当不作为这些手段时，它只是财产、资产（财产和资产的区分在于财产是完全自有的，而资产可能是负债所形成的）。当这些物为许多互不依赖而独立经营的劳动者所有和使用时，它们也不是私人资本，而是私人资本的对立物。物只有在一定的关系下才成为资本，所以资本就一定是关系。我们把物叫作资本的承担者，即资本的物质形式。资本是借助一定社会关系并反映社会关系的用来增值的货币或物资。

（二）私有资本

私有资本是特殊的资本，它的历史起源已经在本章第一节叙述过了。那么，从资本主义的运作如何认识这种私有资本呢？

在所有的社会关系中，生产关系是最基本的。同货币、商品一样，私人资本本质上也是人和人之间的生产关系，即资本是资本家剥削雇佣工人的一种关系。这种“私人资本

---

① 中共中央马克思恩格斯列宁斯大林著作编译局：《资本论》（第三卷），人民出版社2004年版，第922页。

所共有的规定"，即"私人资本一般"或私人资本共性，可以概括为以下几个方面：第一，资本的功能在于增值，资本是一种能自行增值的价值。利用资本从事商品生产、商品经营和信用等活动，其目的是为了获得利润或利息（这是资本与货币的本质区别）。第二，资本的生命在于运动，它是一种处于不断运动中的价值。"作为资本的货币的流通本身就是目的，因为只是在这个不断更新的运动才有价值的增殖。"① 马克思所谓"资本一般"，就是在循环运动中实现价值增值的私人资本。这是私人资本的本质属性。

当工业资本家手上的货币准备但还未购买生产资料和劳动力时，它叫货币资本。这是产业资本的初始形态。一个工业资本家为了从事一项生产，必须有最低的货币资本。这个最低的货币资本可以是自有资金，也可以是想尽一切办法来获取的银行贷款、发行股票或债务融资。货币和生产资料本身并不天然就是资本。在资本主义制度下，只有当它们被用来作为剥削雇佣工人的手段时才是资本。

一个人拥有货币、生活资料、机器以及其他生产资料，但没有雇佣工人可用，能够成为资本家吗？不能！他不可能只有自己来操作他所拥有的机器并进行一切的经营活动。在有了所有这些物之后，他需要的是劳动力。雇佣工人的劳动是剩余价值的唯一源泉，资本家只有通过剥削雇佣工人的剩余劳动才能使资本增值。"生产资料和生活资料，作为直接生产者的财产，不是资本。它们只有在同时还充当剥削和统治工人的手段的条件下，才成为资本。"② 要使货币转化为资本，只有商品生产和商品流通的存在还是不够的。为此首先必须有下列双方作为买者和卖者相对立：一方是价值或货币的占有者，另一方是创造价值的实体的占有者；一方是生产资料和生活资料的占有者，另一方是除了劳动力以外什么也没有的占有者。所以，劳动产品和劳动本身的分离，客观劳动条件和主观劳动力的分离，是资本主义生产过程事实上的基础或起点。

所以资本是什么？资本是一种以物为中介的人与人之间的社会关系。这种社会关系到底是什么呢？这种关系的核心在于，它在使用了其他人的劳动之后，是否为这种劳动付出足额回报，即等于劳动者所创造的价值的回报。如果你是个劳动者，除了劳动力（和你的家庭、亲朋）以外一无所有，你是否期望能从自己的劳动中得到应得的报酬呢？你能否得到应得的报酬、得到多少报酬就取决于资本的性质和力量。之所以说资本是关系，还因为只有物还不能使拥有它的人成为资本家。

资本家的产品（无论是生产原料还是机器）是资本的商品形式，是商品资本，而不再是生产资本，不管这个产品（比如，煤炭）是否被他再投入生产过程。它只有在被买主购买后用于生产时，才构成这个买主的生产资本。这个资本如果一次性地转移到新的产品中，这个新产品就承担了资本的全部价值；它如果在生产出新的产品后还保留一个剩余，那么这个新的产品只承担了这个资本的部分价值（这个价值被称为折旧）。

这样，在资本主义社会里，资本就变成能够带来剩余价值的价值了。而且，资本主义

① 中共中央马克思恩格斯列宁斯大林著作编译局：《资本论》（第一卷），人民出版社 2004 年版，第 178 页。

② 中共中央马克思恩格斯列宁斯大林著作编译局：《资本论》（第三卷），人民出版社 2004 年版，第 878 页。

社会不断加强这种资本，使带来剩余价值的资本种类增加，数量增大，而且无论是种类还是数量，增加、增大的速度都可能是惊人的。作为资本运动的有意识的承担者——资本家，是资本的人格化。他的直接目的不是使用价值，也不是取得一次利润，而是无休止地谋取利润。

剩余价值不能从流通领域（即商品交换）中产生。在商品流通中，无论是等价交换，还是不等价交换，都不会产生剩余价值。如果是等价交换，只是价值形式的转换，价值量不会变化。如果是不等价交换，通过贱买贵卖，似乎就可以得到更多的价值。但这只是贱买者、贵卖者得到了更多价值。贱买意味着贱卖，贵卖意味着贵买，一方的收益是另一方的损失。从整个社会看，它只是造成财富的转移，而并没有新的价值产生。所以，流通或商品交换不能够使价值增值。

价值增值只能发生在所购买的产品价值相对于生产它的投入的价值上，即购买到的劳动力上。资本家必须购买到这样一种特殊的商品：它的使用价值有创造价值的能力，而且能够创造比自身价值更大的价值。具有这种特殊使用价值的商品就是劳动力。

当资本家把自己一部分资本转变为劳动力时，他就由此开启了自己的总资本增值的过程。它使得工人的个人消费，不论在工场、工厂等以内或以外，在劳动过程以内或以外，总是资本生产和再次生产的一个要素。虽然工人实现自己的个人消费是为自己而不是为资本家，但工人的个人消费对他自己来说是非生产的，因为这种消费仅仅是再次生产贫困的个人；而对资本家和国家来说是生产的，因为它生产了创造他人财富的力量：资本对劳动力的所有权。

（三）公有资本

当马克思说资本的时候，实际上说的是私人资本。在马克思身后100多年后，出现了许多社会主义国家。这些国家里存在着大量公有资本。公有资本是与私人资本根本不同的一种资本。

只有没有人榨取你的劳动成果，你才可能得到最大的劳动报酬。社会主义就是保证所有劳动者能够得到最大劳动报酬的社会制度。社会主义何以做到这个呢？社会主义意味着资本不是私人所有的（所有制问题），还意味着企业的管理者不管是以工资的形式还是以奖金的形式取得的收入都不会得到远远多于普通劳动者的收入（管理问题）。如果资本是私有的，即使你由于某种原因能够得到公平的报酬，也会有大量的劳动力得不到他们应得的收入。当有大量劳动力无法得到他们应得的收入时，剩下的收入，除了交给政府的以外，就有人得到了。社会的两极分化，穷者越穷、富者越富的格局就必然形成了。

在当代世界社会主义与资本主义的二元对立中，不是社会主义的社会，就是资本主义的社会，尽管每一种社会也可能有非常不同的表现形式。有的国家可能宣称自己是社会主义，但由于局势的发展，可能不需要多久，它就变成一个资本主义国家。欧洲资本主义国家在建立的过程中经历了多次复辟，在经济落后国家建立社会主义也完全可能经历复辟。这是只要看历史就可以懂得的道理。然而，如何防止复辟就无法离开政治经济学来理解了。

脱胎于落后国家的社会主义社会，一旦走上资本主义的道路，想要走回头路，即重新变成社会主义是很难的。这显示出，一旦建立起资本的统治，就很可能成为短期内不可避免的事情了。作为关系的资本不是一种个人力量，而是一种社会力量，是一种能够自我加强的力量。这又反过来证明，资本主义条件下的资本不是资本，而是特殊的资本。这种资本的特殊性在于，增值的价值归于资本家所有。在社会主义社会里，也有资本一般，但它的特殊性在于，增值的价值归于全社会所有，由国家或集体所有来实现。如果我们把资本主义条件下的资本叫作资本，那么，对社会主义条件下的资本最好给另外一个名字，比如，叫作公共资本。这样一来，资本主义条件下的资本就应该叫私人资本、私有资本了。

二、劳动力：资本支配下的商品还是公有制社会的主人

资本就其本身而言不成其为资本，就如没有男人，女人就不成其为女人一样。从人类发展的角度看，女人是用其对立面男人来定义的。从社会的运作来看，资本是用其对立面劳动力来定义的。劳动力是指人的劳动能力，是存在于活的人体中，并在进行生产劳动时就运用的体力和脑力的总和。无论在任何社会，劳动力都是社会生产的基本要素。资本和劳动所形成的对立统一体有两种：一种是把劳动力作为资本支配下的商品；另一种是劳动力把资本作为实现自己价值的工具，从而成为社会的主人。后者叫作社会主义社会，前者叫作资本主义社会。这种定义与前面的定义是一致的，只是着眼点不同而已。

资本主义社会的资本成其为资本以劳动力市场的建立为前提之一。资本家通过购买生产资料和劳动力，使二者结合生产出新的产品，实现价值增值。为了这种增值，资本需要把劳动力变成丧失了一切生产资料和生活资料，除了自己的劳动力以外一无所有的商品。这样，劳动者必须靠出卖劳动力为生了。在奴隶社会和封建社会，奴隶和农奴没有人身自由，他们没有权利出卖自己的劳动力，而是其自身可以被主人出卖。但在封建社会，劳动力是被地主束缚在土地上的。没有劳动力耕种地主的土地，地主的地租就没有来源。为了使劳动力获得出卖自己劳动力的自由，资本家必须使劳动力摆脱地主阶级的束缚。而这只有资本家组织起来，形成一个阶级，并进行推翻地主阶级统治的革命才能做到。所以，资产阶级革命的实质是什么？是通过摧毁地主阶级来破除地主阶级对资产阶级财路的阻挡。这正如美国革命是美国奴隶主阶级、资产阶级破除英国统治者对美国奴隶主阶级和资产阶级财路的阻挡一样。更一般地说，任何国家的革命都必然是一个阶级反对另一个阶级的行动！只有经历资产阶级革命，劳动力成为商品的条件才形成。劳动力的所有者才成为资本主义法律上的自由人，他才按照资本主义法律有权支配自己的劳动力，才可能把它作为商品出卖，但也只是可能而已。许多人想利用这种权利，却没有资本家给予机会。

劳动力商品和其他商品一样，也具有价值和使用价值两种属性。但是，劳动力作为特殊商品，其价值和使用价值也具有不同于普通商品的特点。劳动力的价值包括以下三部分：(1) 维持劳动者自身生存必需的生活资料的价值，用以再生产他的劳动力；(2) 劳动者繁衍后代所必需的生活资料的价值，用以延续劳动力的供给；(3) 劳动者接受教育和训练所支出的费用，用以培训适合资本主义再生产需要的劳动力。劳动力价值是由生产和再生产劳动力商品的社会必要劳动时间所决定的。

劳动力的上述价值决定受到历史和道德因素的强烈影响。在具有不同生产力发展水平的国家，或者在同一国家的不同历史时期，由于社会经济文化条件的不同，工人所必需的生活资料的数量和构成是有区别的。随着社会经济和文化的发展，再生产劳动力所必要的消费资料的物质内容也会不断扩大。

劳动力的使用价值也具有重要特点。普通商品在消费或使用时，随着使用价值的消失，价值也消失或转移到新产品中去。劳动力的使用价值是进行生产劳动的能力，它的使用或消费就是劳动，而劳动凝结在商品中形成价值，因此，劳动力商品的使用价值的特殊性在于它是价值的源泉，并且是大于自身价值的价值源泉。资本家购买劳动力商品的目的，就是要使雇佣劳动者为他生产大于劳动力价值的价值即剩余价值。

资本是逐利的。资本的绝对利益是从较少的工人身上而不是用同样低廉甚至更为低廉的花费从较多的工人身上榨取一定量的劳动。这可以表示为如下公式：

$$\begin{aligned}&\min L\\&\text{s. t. } \overline{SL} = SL(L)\end{aligned} \tag{3.1}$$

其中，SL 表示剩余劳动，L 表示劳动者数量。在 L 中有多少能成为剩余劳动是一个复杂问题，这要到学习了本章第四节后才能基本想清楚。

在社会主义社会中，劳动力不再是商品，劳动力为自己劳动，尽管不能完全得到自己所创造的价值。因为这时，社会需要作为一个整体来支配一些价值。

三、不变资本和可变资本

货币变成资本，是由于购买劳动力。购买劳动力的这个资本被称作可变资本（v）。为什么叫可变资本？因为用100元买进劳动力，生产的结果变成120元，所以叫可变资本。购买生产资料的被称作不变资本（c）。为什么叫不变资本？因为用100万元所购买的工厂是不会自行增加价值的。这100万元资本的价值是慢慢地转移到商品价值中去的。假设10次转移完，每次就只占10%，100次转移完，每次就只占1%。既然不变资本没有增加价值，为什么又叫资本呢？这是因为，如果没有不变资本，可变资本就失去作用，只有劳动力，没有生产资料，是不能进行生产的。只有当劳动者同生产资料结合起来的时候，才能使劳动者在生产过程中生产出剩余价值，才能使资本增值。因此，生产资料也就变成了资本。

不变资本和可变资本的区分具有重要的意义，它是揭示剩余价值源泉的需要。我们用它来表明，剩余价值不是由全部预付资本产生的，而只是由可变资本产生的。同时，我们也用它考察资本主义的剥削程度——剩余价值率。所谓剩余价值率，是剩余价值同可变资本的比率。如果用 m' 表示剩余价值率，m 表示剩余价值，v 表示可变资本，则 $m'=m/v$。由于工人的工作日分为必要劳动时间和剩余劳动时间两部分，剩余价值率也可以用另一种形式表示，即 m'=剩余劳动时间/必要劳动时间。这两个公式用于资本主义社会都可以表明资本主义的剥削程度，不过第一个公式采取了物化劳动形式，第二个公式采取了活劳动的形式。为什么可以这样做呢？这需要第三节的分析。

第三节 剩余价值的生产过程和榨取更多剩余价值的方法

一、剩余价值的生产

在资本主义社会中，生产过程具有二重性：它既是劳动力生产使用价值、形成价值的劳动过程，又是劳动力为资本家生产剩余价值即使资本家价值增值的过程。价值增值过程是在价值形成过程的基础上进行的。这种一石二鸟现象在社会中屡见不鲜。在生产中，劳动者通过有目的的活动，即运用劳动资料加工劳动对象，改变物质形态、性质，创造出具有一种或多种使用价值的产品，而这些产品中的剩余产品就被资本家得到了。由于这个二重性，资本主义生产具有两个特点：

（1）工人在资本家的监督下劳动，他的劳动受到资本家的控制；

（2）劳动的成果或产品减去工资、折旧、原材料等后的剩余全部归资本家所有。

那么，剩余价值是如何生产出来的呢？这就要把资本主义生产过程作为价值形成过程来分析。生产过程既需要工人支出活劳动，也需要支出生产资料，即物化劳动。因此，新形成的价值等于活劳动创造的新价值与转移的物化劳动的旧价值之和。

首先分析生产资料价值的运动。假定纺纱厂工人生产棉纱 10 公斤，消耗棉花 10 公斤（损耗略去不计），价值为 100 元，机器设备和纱锭等损耗部分的价值为 20 元。在生产过程中把 10 公斤棉花纺成棉纱时，棉花的物质形态改变了，但是 10 公斤棉花的价值并没有丧失，而是转移到新产品中去了，构成棉纱价值的一部分。同理，机器和纱锭所损耗的 20 元也同样转移到棉纱中去。这样，通过工人劳动，生产资料的价值转移到棉纱中去的价值共计 120 元。

我们能说生产资料价值在这个使用中会增值吗？不能。生产资料的使用只有折旧，没有增值的可能。如果生产资料的使用都能使价值增值，那资本家也就不用给资本进行折旧，生产使用了原材料也无需再增添原材料了，因为这些价值越来越高。因此，生产资料的运动只能被认为是只有价值的转移，而没有价值的增值。

其次分析劳动过程。工人在生产中消耗的一定的体力和脑力，即抽象劳动，凝结在商品中，形成了新价值。其数量按照社会必要劳动时间来计量。假定工人劳动 4 小时，并创造新价值 10 元。棉纱的价值量就等于生产中消耗的生产资料转移价值和消耗的活劳动创造的新价值之和，即 120 元加 10 元，等于 130 元。由于我们前面假设工人 1 天的劳动力价值为 10 元，那么，由于 10 公斤棉纱的价值 130 元刚好等于资本家购买生产资料和劳动力的资本数量，剩余价值将是 0。为了得到剩余价值，资本家必须使价值形成过程变成价值增值过程。为此，他只需把工人的劳动时间延长到 4 小时以上即可。由于他购买了工人一天的劳动力，就获得了一天劳动力的使用权，就可以要求劳动力工作更长的时间。假设工人一天劳动 8 小时，生产棉纱 20 公斤，消耗棉花 20 公斤，价值 200 元，机器损耗价值 40 元，创造新价值 20 元。20 公斤棉纱的价值为生产资料转移价值 240 元和新价值 20 元之和，共 260 元。资本家为生产棉纱耗费资本 250 元，两者之差的 10 元就是剩余价值。于是，价值增值过程实现了。价值增值过程就是超过为补偿劳动力价值所需要的工人劳动时间后的价值形成过程。从长期看，如果没有价值增值，资本家就不会进行生产了。所以，资本主义社会中的生产过程绝不是一般的生产过程，而是特殊的生产过程，是劳动过程、价值形成过程、商品生产过程、价值增值过程的统一。

于是，工人的劳动时间分为两部分：再生产劳动力价值的时间，叫作必要劳动时间；无偿为资本家生产剩余价值的时间，叫作剩余劳动时间。这就说明，工人的剩余劳动是剩余价值的源泉。剩余价值是雇佣工人创造的价值中超过劳动力价值而被资本家无偿占有的那部分价值，它直接体现资本家对雇佣工人的剥削关系。由于资本家相对工人的数量是极少的，因此，资本家的劳动价值在解释资本家得到剩余价值中是可以忽略不计的。这意味着资本家的发财致富根本不可能是由于资本家的辛苦。如果把他榨取劳动者的剩余劳动作为自己的致富秘密叫作聪明的话，那么可以说，资本家能够发财致富确实是离不开他的聪明。

以上分析最终破解了资本增值的秘密。资本家使用货币购买劳动力商品，支付劳动力价值。在生产过程中，劳动力创造的价值量大于劳动力自身的价值，资本家再按照商品价值出卖商品，不仅收回了耗费的资本价值，而且获得了剩余价值。无论是购买还是出卖商品，即使资本家都遵循等价交换，也能使自己的价值增值。为什么呢？货币转化为资本的整个过程，既在流通领域进行，又在生产领域进行。资本家需要在流通过程中购买劳动力为价值增值做准备，并通过出卖商品的流通过程实现价值和剩余价值。价值增值不可能发生在流通过程中，只能发生在生产过程中。价值增值的关键在于，劳动力商品具有特殊的使用价值，即它可以在生产中创造出大于劳动力自身价值的价值。

二、提高剩余价值率的两种方法

资本家提高剩余价值率的具体方法多种多样，但都可以归为如下两类中的一类：绝对剩余价值生产和相对剩余价值生产。资本家提高对工人的剥削程度都是在这两类中做选择。

（一）绝对剩余价值生产

假设必要劳动时间不变，仅仅由大于必要劳动时间的工作日的绝对延长、提高劳动强度而生产的剩余价值，叫作绝对剩余价值。提高这种剩余价值率的方法，叫作绝对剩余价值生产。例如，一个工作日为 8 小时，必要劳动时间 4 小时，剩余劳动时间 4 小时，则 $m'=4/4=100\%$。如果必要劳动时间不变，工作日延长到 10 小时，则剩余劳动时间增加到 6 小时，$m'=6/4=150\%$。提高劳动强度是变相地延长工作日，同样是使一个工作日中劳动力支出增加，从而提高绝对剩余价值率。

在资本主义发展的早期，资产阶级曾利用它对工人的经济强制和国家政权，将工作日由 10 小时延长到 12 小时、14 小时甚至 16 小时以上。工人阶级为缩短工作日进行了顽强斗争，因为工作日延长和劳动强度加大会极大地损害身心健康。1866 年，美国工人提出 8 小时工作日要求，直到第一次世界大战后才在有些国家开始实行。很显然，仅仅要求 8 小时工作日距离工人阶级的解放还有很长的距离。当下，资本主义国家的工作日已经大大缩短了。然而，工作日缩短并不意味着资本家不是资本家，工人不是劳动力。资本主义国家的劳动力还是只是雇佣劳动力，或者更清晰地说，是工资奴隶。

（二）相对剩余价值生产

提高绝对剩余价值生产的各种方法都会受到工人的抵制。尽管这种抵制是有限的，它也使得资本家尽可能地获取更多剩余价值的目的难以实现。资本家的理性在于，不断地发现更多更高明的实现更多剩余价值的方法。科技革命、教育和管理学的发展使得发达国家的资本家不再需要依靠延长工作日、拼体力，而是逐渐、更多地采取这些科学方法来提高剥削程度。这就是相对剩余价值生产的方法。所谓相对剩余价值，就是让工作日长度不变，通过提高劳动生产率，缩短必要劳动时间，相对延长剩余劳动时间而生产的剩余价值。在这种方法的提倡者看来，对于获得剩余价值而言，提高劳动质量和效率比延长劳动时间和增加劳动耗费更有效。例如，工作日为 8 小时，其中，必要劳动时间和剩余劳动时间各为 4 小时，$m'=4/4=100\%$；如果必要劳动时间缩短为 2 小时，剩余劳动时间增加为 6 小时，$m'=6/2=300\%$，剥削程度提高了 2 倍。

缩短必要劳动时间的另一种方法是降低劳动力价值。劳动力价值是由工人及其家庭所必需的生活资料价值所构成的。在一国内部，降低这些生活资料的价值，就意味着提高生活资料生产部门和为生活资料生产部门提供生产资料的生产资料生产部门的劳动生产率。这种生产率的提高也是可以通过科技革命、教育和管理学的发展来实现的。在开放经济环境中，它可能意味着进口国外更便宜的生活资料，即使外国的劳动生产率很低。这意味着发达国家剥削程度的提高是以其他国家的高剥削程度为条件的。这是发达国家支持所谓自由贸易的根本原因之一。

绝对剩余价值生产和相对剩余价值生产作为提高剥削程度的两种基本方法，既有联系又有区别。首先，两种剩余价值生产的手段虽然不同，但其结果和本质是一致的，即它们都延长了工人的剩余劳动时间，增加了剩余价值量，提高了剩余价值率。其次，绝对剩余价值生产是资本主义生产的一般基础，也是相对剩余价值生产的起点。因为，任何资本主义生产，都必须把工作日延长到必要劳动时间以上，否则就不能产生剩余价值。同时，只有工作日分割为必要劳动时间和剩余劳动时间，才能以此为基础，进一步缩短必要劳动时间，生产相对剩余价值。最后，生产剩余价值的两种基本方法的物质基础不同，在资本主义发展的各个历史阶段起着不同的作用。在资本主义的初期，由于生产技术没有重大变化，绝对剩余价值生产是资本家增加剩余价值的主要方法。随着资本主义的发展，科学技术在生产中的广泛应用，生产力不断发展，以及可利用的国际关系，相对剩余价值生产的作用日益突出。

如果我们把必要劳动说成有酬劳动，把剩余劳动说成无酬劳动，上述分析可以归结为如下命题：劳动分为有酬劳动和无酬劳动。一个社会无酬劳动越多，越被他人占有，而不是被社会占有，这个社会的生产关系的剥削程度就越大。这对企业、产业、行业也适用。

第四节　资本主义工资

资本主义工资看起来是非常公平的交易价格：工人付出劳动，资本家付出工资；如果工人对工资不满意，就辞职不干。工人完全有不理睬资本家的自由，工人看起来是自由人了。然而，仔细思考就会让你发现，拿资本主义工资的工人与奴隶制的工人差别不大。①

一、工资是货币化或实物化的劳动力价值

正常情况下，资本家根据雇佣工人的劳动时间或劳动数量支付工资，仿佛工资就是劳动者在付出全部劳动后所应得的报酬。很显然，对资本家而言，最好的交易是只向工人支

① 许多西方学者认为，现代工人与奴隶差别不大。参见 https://en.wikipedia.org/wiki/Wage_slavery。

付最低的工资，而要工人为他创造出更多的收入。所以，很容易理解，劳动者所得到的报酬一般低于他应得的报酬，甚至远远低于他应得的报酬，把这叫作剥削是完全恰当的。不管工人得到的工资有多高，只要他创造的价值被其他私人所占有，他就被剥削了。有的管理者拿到的工资、薪金足够高，以至于他不可能被人剥削，而是他剥削别人了。

为了揭示这种剥削，我们需要做出一些概念上的区分。这些区分从文字上看是很细微的，但在经济学意义上是非常重大的。我们要区分劳动力和劳动。为什么要做这个区分呢？在资本家同工人的买卖关系中，工人出卖的是劳动力而不是劳动。因为从逻辑上看，劳动根本上就不能成为商品。第一，一般的商品应该在出卖之前独立存在。但劳动只有和生产资料相结合时才能实现，不能在劳动者进去企业前就独立存在。资本家在劳动力市场上购买的只是劳动者的劳动能力。① 第二，如果说劳动是商品，工资是劳动的价值或价格，会导致否定价值规律或否定剩余价值规律的结果。因为按照等价交换原则，资本家应支付给工人全部劳动形成的价值。这样，资本家就得不到剩余价值，资本主义生产关系也就失去了存在的基础。如果工资只是相当于工人的部分劳动形成的价值，就又违背了价值规律。第三，如果说劳动是商品，也具有价值，它的价值就是生产它的劳动的时间决定的。这相当于在回答“你是谁”这个问题时，你回答说“我是我”，一个陌生人从你的这样的答案中得不出什么结论来。当然，如果你就是不想要他得出什么结论，就另当别论。第四，工人的劳动已属于资本家而不属于工人，工人不能出卖不属于自己所有的东西。由此可见，劳动不是商品，它没有价值或价格。

工人出卖给资本家的不是劳动，而是劳动力。劳动力是人的劳动能力。劳动不是商品，但劳动力可以成为商品，它具有价值和使用价值，它的价值就是重置它的成本，也就是维持劳动力生存和一定生活需要的生活资料的价值，而它的使用价值就是为资本家创造出剩余价值。因此，资本主义工资的本质不是劳动的价值或价格，而是劳动力的价值或价格，是货币化或实物化的劳动力价值。所谓实物化的劳动力价值就是以商品的形式发放工资。

资本主义工资在现象上表现为劳动的价值或价格，是由资本主义生产方式决定的。首先，从资本和劳动的交换关系看，劳动力的买卖和其他商品的买卖一样，买者付出货币，卖者付出一种商品，人们所注意的只是商品交换应遵循的对等原则，至于买卖的这个商品是劳动还是劳动力，一般人是不会深究的。

其次，工资的支付方式，也容易使人们误认为工资是劳动的价值或价格。因为通常都是在工人给资本家提供劳动之后，资本家才向工人支付工资。

再次，工资的现实运动，仿佛“证明”着工资是同工人劳动量相交换的。这里，工人的劳动时间越长，他的工资收入越高，工人的劳动熟练程度也是同工资成正比的。

最后，工人和资本家都容易把工资误解为劳动的价格。在工人看来，劳动是谋生的唯一手段，工资就是劳动所得，是按劳分配。他很难从自己辛辛苦苦工作却难有保障意识到劳动与劳动力区别的重要性。绝大多数资本家唯一关心的是用尽量少的付出换取尽量多的劳动，以赚取更多利润，从而在竞争中存活下来。他即使认识到自己的利润来源于工人的

---

① 有些商品在出卖前就可以存在，如期房、期货、期权。或许我们可以说，劳动力出卖了劳动的期权。但这种期权不是现实的劳动。

剩余劳动，也不会宣扬出来。

劳动力的价值或价格转化为工资，表现为劳动的价值或价格，仿佛工人全部的劳动都表现为必要劳动或有酬劳动，因而掩盖了资本主义剥削关系，只有把工作日划分为必要劳动时间和剩余劳动时间、把劳动划分为有酬劳动与无酬劳动，才能透过工资这个表象揭示出资本家对雇佣工人的剥削关系，进一步揭示出资本家发财致富的诀窍。

上述分析的一个含义就是，作为一个受到学术训练的人，要学会咬文嚼字，不要人云亦云。理解了上述劳动力和劳动之间的区别，你就很容易了解，资本主义根本不可能是按劳分配的社会制度，只有在社会主义制度下才能实现按劳分配。

二、计时工资和计件工资

根据支付工资的标准，工资制分成两种：计时制和计件制。计时制就是按工人的劳动时间（月、周、日、小时等）支付工资。计时制下的工资可能低于也可能高于劳动价值。比如，律师的收费可能高达每小时 600 美元。对工人来说，计时工资高低、工作日长短、劳动强度大小共同决定了工人受剥削程度。计时工资相同的工人，工作日更长、劳动强度更大者受剥削更大。利用计时工资形式，资本家可以在不降低工资，甚至提高工资时，通过延长工作日或增加劳动强度来降低小时工资率。

计件制就是按工人生产的产品数量或所完成的工作量支付的工资。虽然从数学上看，计件制可以看成计时制的转化形式，因为以日工资额除以工人每天生产的产品数量就大致等于每件产品的计件工资，但在经济学上二者有较大的差别。由于资本家往往根据劳动能力较强、技术较熟练的工人的日产量来作为计件工资的制定标准的日产量定额，计件制下工人的劳动强度往往高于计时制下工人的劳动强度。在计件制下，资本家无需支付监督工人劳动的成本，只需要按照一定的质量来验收产品即可。工人劳动的质量和强度是很难观察的，这已经衍生出一种信息经济学来分析。

计时制和计件制在 20 世纪上半叶得到了新的发展，最有代表性的是“泰罗制”和“福特制”。泰罗制是以炮制出这种方法的美国工程师弗雷德里克·泰罗的名字命名的。在最夸张的情况下，他用摄影机将技术最好工人的操作过程记录下来，一分一秒地加以分析，去掉多余动作，制定出效率最高的劳动方法，并以此作为决定产量定额的标准，定出不同的工资等级。据泰罗的报告，这种工资制虽然使工人工资较原来增加 63%，但劳动强度却提高 270%，工人数量减少 2/3，资本家工资支出减少一半。泰罗制甚至得到了列宁的赞赏。当然，列宁不会赞同无情地压榨工人。列宁是在俄国劳动生产率很低，工人可以大幅改进效率的背景下赞赏泰罗制的。

泰罗制是基于劳动者的个体劳动过程的优化而设计的。以美国汽车大王亨利·福特命名的福特制则是从塑造劳动者的劳动条件的角度设计的。它通过引进自动化生产线，提高流水线的运动速度来提高和控制工人的劳动强度。为此，福特也是不惜支付更高工资的。福特制虽然提高了工资，但加强了工人的纪律，提高了劳动生产率，也是取得更多相对剩余价值的方法。

无论是计时制、计件制，还是泰罗制、福特制，都是“血汗工资制”，只不过后者带有“科学管理”的外观，对工人的榨取更加巧妙而已。这样的制度下工人更容易透支自己的体力，提前衰老。普通工人为什么比同龄的教授要老得多，就是这个原因。我们在第一章曾提到的名义工资和实际工资这两个概念所对应的数据就是在这样的制度下形成的。

上述的工资制主要适用于普通工人或者说美国所谓的蓝领工人。在工人中，可能产生出“工人贵族”，他们能够拿到更高的薪金和奖金。在20世纪，随着资本主义生产力的发展，资本主义国家所支付的工资，能够使得工人享受到资本主义生产力所提供的最基本生活水平。美国诺贝尔经济学奖得主保罗·萨缪尔森曾调侃道：“这里（德国特里尔，马克思的出生地）的工人都开着小汽车，用着微波炉，过着舒适的小资生活。看不出来人们是如何贫穷。”① 他的比较标准一定是相对马克思所生活的时代的工人阶级，或者是相对今天的一些经济落后国家的人民。20世纪下半叶的欧美工人是否应该想象着祖先的贫穷而感到心满意足呢？如果这些工人不买小汽车、微波炉，美欧的汽车公司和电器公司又怎么获得剩余价值呢？他们又怎么成为世界著名的500强大企业呢？购买了小汽车和微波炉，就意味着他们不再贫穷吗？贫穷究竟如何度量呢？美国的自由主义经济学家就只是拥有这样的思维能力吗？

【阅读材料】

从口述历史看计划经济时期中国分配状况和改革后的变化②

当前，在实行市场经济多年后，中国的薪酬结构面临一些在计划经济时期所没有遇到的重大问题。比如，国有企业的高级管理人员不少都拿到很高的工资。人们对这种高工资还在争论。那么，在计划经济时期中国的工资是怎样的呢？如何转变为这种状况的呢？

九旬老人戴中立这样回忆：20世纪50年代初，我当供应股长，工厂招收一批小青年，多数分配到车间当学徒工，少数文化高的分到机关当计划员、采购员、保管员。有的干一段时间不干了，要求去车间当学徒，说工作太复杂，干不了，其实是他们看到工厂8级高级技工每月工资103.95元，我当股长才66元。虽然他们来机关当职员工资22元比学徒工18元还多了4元，但他们看中的是那103元比66元多得多。虽然从做学徒工拿18元离做高级技工拿103元还得熬20多年，但他们宁愿从长远看（用西方话语就是他们的贴现率很低）。

戴中立老人总结到：那时的工资政策规定，是向生产第一线倾斜，工人的工资高于一般干部，工厂的工资待遇一般比国家干部要高，（同级）军队干部待遇又高于国家和工厂的干部。这个时期的中国对有绝技的高级技工非常重视，他们的工资报酬可与大学教授相同，一般工程师的工资待遇与五六级技工相似。

20世纪80年代，领导体制由党委集体领导下的首长（书记、厂长）分工负责制，改为党委领导下的厂长负责制，工厂工人不准提拔为干部。戴中立老人回忆，有

① http：//www.globalview.cn/html/global/info_20487.html。

② 根据《九旬老人戴中立的回忆：一长制之我见与思考》（http：//www.kunlunce.com/ssjj/guoji-pinglun/2016-11-10/110287.html）改写。

人有这样的说法：“过去书记说了算，厂长受批判，现在厂长说了算，书记靠边站。”后来，又提出了让一部分人先富起来。这在老工人中引起尖锐的反应，说那不是又回到旧社会，穷的穷，富的富吗？领导向他们解释，这是社会主义按劳分配多劳多得的原则精神。他们反驳说，按劳分配多劳多得是对的，那只能是过富裕生活，不可能富起来，我们在旧社会过来的人都知道一句话，“人无横财不富，马无夜草不肥。横财就是剥削”。戴中立老人曾与一位从旧社会过来的老工人交谈，说道：“好好劳动就有好生活。”老工人反驳说：“不一定，在旧社会过来的工人、农民，没好好干吗？有好生活吗？地主、资本家才是富人，不搞剥削能成资本家、地主吗？”①

今天，中国正在加强企业的党委领导。加强后的党委也会面临如何设计薪酬结构的问题。

三、生活成本和工资

在经济学原理课程里，你可能会学到衡量生活成本的一些价格指数。比如，消费者物价指数。然而，任何指数都不能完美地实现它被赋予的任务，更不可能永恒地完美实现。由于经济的变化，一些过去还差强人意的指数变得越来越不够了。消费者物价指数就是这样一个指数。

美国中产阶级的生活曾经是中国某些人所向往的，这种生活比上不足比下有余。在中国某些人眼里，美国的中产阶级生活十分美妙。可是他们没有想到的是，如果联系上生活成本，拿中等收入的人和家庭就不是那么美妙了。图 3.1 展现了美国大学学费、医疗费用、家庭收入和消费者物价指数的增长。它清晰地显示，居民消费物价指数不足以反映美国消费物价了。

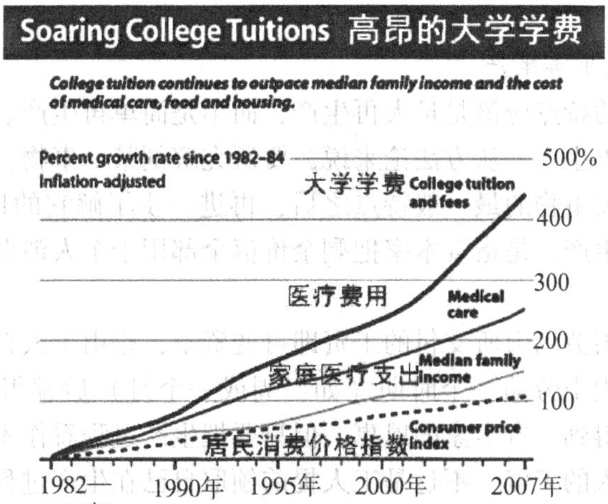

图 3.1 美国的生活费用增长（1982—2007 年）

① http://www.kunlunce.com/ssjj/guojipinglun/2016-11-10/110287.html。

从这里你所学到的一个哲学道理是，千万不能片面地看问题。把这个原理用到这里所考察的经济事务中就是，千万不要只看（家庭）收入，还要看（家庭生活）成本。同样的道理，一个国家强大与否，千万不能只看GDP，还要看人心所向等。许多国家的颠覆不是因为经济上失败了，而是因为人心被历史虚无主义颠覆了。

第五节 资本积累

一、单个资本再生产

人类社会为了自身的生存和发展，必须有各种各样的物质资料，以满足生产和生活的需要，为此，就要进行物质资料的生产。一个社会任何时候都不能停止消费，因而也就不能停止生产。社会生产总是连续不断、周而复始地进行的。我们把这种不断重复、不断更新的生产叫作再生产。

就其内容来讲，社会再生产首先是物质资料的再生产。因为每一个生产过程都要消耗掉一定的包括生产资料和生活资料在内的物质资料。但同时，每一次生产过程又会生产出一定的物质资料，为下一次生产提供条件。其次，再生产过程又是生产关系的再生产。因为每一个生产过程，都是人们在一定的生产关系下进行的。随着生产的不断更新和重复，这种生产关系也会不断地得到维持和发展。离开了一定的生产关系，任何生产和再生产都无法进行。因此，社会再生产是物质资料再生产与生产关系再生产的统一。

社会再生产按其规模不同来划分，可分为简单再生产和扩大再生产。简单再生产，是指生产规模不变的再生产，即新生产出来的产品，只够补偿在生产中所消耗掉的生产资料和生活资料。扩大再生产，是指生产规模扩大的再生产，即新生产出来的产品，除了补偿生产中已消耗的物质资料以外，还有多余的物质资料可以追加到生产中去，借以扩大原有生产的规模。

（一）资本主义简单再生产

资本主义再生产的特点应该是扩大再生产，而不是简单再生产。但是，简单再生产可以看成最简单的扩大再生产。从方法论来说，要研究解剖某一事物，必须了解它的最简单的形式，从中找出有关事物的最一般特点之后，再进一步了解它的比较复杂的运动形式。所谓资本主义简单再生产，是指资本家把剩余价值全部用于个人消费，再生产只是在原有的规模上重复进行。

首先，资本家购买劳动力所支付的工资即可变资本，是由工人自己创造的。在通常情况下，工人在生产过程中劳动一个时期（如一周或一个月）后领得工资，无论产品是否卖掉。这仿佛是工人得到了资本家的恩惠，但只要把生产过程看作不断重复的再生产，那么，资本家预付给工人的工资，不过是工人提前领取自己在生产过程中所创造的部分价值而已。工人还是在靠自己的劳动养活自己，同时为资本家创造剩余价值。

其次，工人不仅创造了可变资本，而且创造了不变资本。任何大的资本都不是靠“辛勤劳动”积攒起来的，否则就会有太多的大资本了，大资本只有依靠剥削别人才有可能。依靠剥削工人，资本家可以在进行奢侈性消费的基础上还能使自己的初始资本得以保留。比如，假定某个资本家有资本10万元，每年带来剩余价值1万元，全部被资本家消费掉，10年中他就消费掉10万元剩余价值，然而，他仍留有10万元资本。

最后，工人的个人消费也从属于资产阶级的需要，是资本主义再生产的必要条件。工人的个人消费，就是工人用工资购买各种消费资料来满足自己生活的需要。这种消费是在生产过程之外进行的，孤立地看，好像完全是工人自己的事情，同资本主义生产无关。其实，工人的个人消费是为了恢复被消耗了的劳动力，以便继续出卖自己的劳动力，使资本主义再生产得以不断进行。可见，工人个人消费的实质是为资本家再生产出可供剥削的劳动力，因而也是资本主义再生产的必要条件。所以，工人虽然可以自由地把劳动力出卖给这个或那个资本家，但他在出卖劳动力以前，在经济上已是隶属于整个资产阶级的了。这些特点表明，在资本主义简单再生产过程中，不仅生产商品，生产出剩余价值，而且还要再生产出资产阶级的全部资本和一无所有的雇佣工人，即把资本主义剥削关系存在的条件也重新生产出来。

（二）资本主义的扩大再生产

在扩大再生产的情况下，资本家从工人身上剥削来的剩余价值，不是全部用于个人消费，而是有一部分转化为资本，用以购买追加的生产资料和劳动力，使生产在扩大的规模上重复进行。我们把剩余价值再转化为资本，或者说，剩余价值的资本化，叫作资本积累。剩余价值是资本积累的重要源泉，资本积累又是扩大再生产的重要源泉。这是因为，不把剩余价值的一部分转化为资本，资本积累就难以进行，而通过资本积累，就可以使生产规模扩大。例如，某个资本家最初有10万元资本，其中8万元为不变资本，2万元为可变资本，剩余价值率为100%。于是，生产过程开始之后，工人就创造出2万元剩余价值。假使资本家只把剩余价值的一半即1万元用作个人消费，而将其余一半的1万元转化为资本，资本总额就会扩大到11万元。这就可以看出，资本积累过程中所追加的资本来源于剩余价值。如果对于原始资本，资本家还可能辩解说是靠他自己或他祖先的劳动积累起来的，那么，对于扩大再生产过程中的追加资本，就没有任何辩解的余地了。马克思明确地指出，追加资本一开始就没有一个价值原子不是由别人的无酬劳动产生的。资本积累的过程清楚地揭示了资本主义生产方式的实质。这就是，资本家总是通过无偿占有工人的剩余价值来扩大自己的资本，以便进一步扩大对工人的剥削和统治。

在现实中，有些资本家白手起家，通过银行贷款开始了自己的经营。但这种经营也需要从其他资本家那里得到物质资本。这些资本就是其他资本家的剩余价值的载体而被这些资本家使用而已。这并不在实质上改变我们上面的分析。

二、资本积累

从追求生产、增长的目的，很容易把资本积累看作物的增加的过程。把资本积累仅仅看作物是不够的，因为只有物，没有人力，生产无法扩张，增长无法实现。

（一）作为物的增加的资本积累

西方经济理论一般把如下式子作为最主要的资本积累理论：

$$K(t)=I(t)+(1-\delta)K(t-1) \tag{3.2}$$

其中，$I(t)$ 表示 t 时期的总投资，δ 表示折旧率。$K(t)$ 表示 t 时期的资本存量。它表示 t 时期的资本存量等于 t 时期的总投资加上 $t-1$ 时期资本折旧后的余值。式（3.2）出现在西方许多经济理论中。我们只能把这个公式理解为一个高度抽象的公式，理解为一个重要关系，而不是最重要的关系，更不是唯一的关系。式（3.2）没有揭示资本的来源是剩余价值，也没有揭示资本积累的社会属性，即资产阶级的资本积累对于无产阶级意味着什么。因此，式（3.2）描述了资本存量在某个时刻的决定。

在资本主义制度下，式（3.2）所描述的资本积累具有必然性，这是由下述两方面的原因决定的：一方面，资本主义生产的目的决定了资本家追求剩余价值的欲望是没有止境的。为此，资本家为了获得更多的剩余价值，就必须不断增加自己的资本总额，这就是资本积累的内在动力。另一方面，资本主义的竞争规律作为一种强制力量，也迫使资本家必须不断进行资本积累，购置先进技术设备，提高劳动生产率，扩大生产规模。这也可见，在资本主义社会，式（3.2）是基于资本家的角度的一种资本积累理论。

通过资本的原始积累建立起来的资本主义生产方式取代了封建主义生产方式是人类社会发展史上的一个巨大进步。资本主义生产方式确立后，资本积累和资本主义扩大再生产也随之进行，并成为推动社会发展的强大动力。资产阶级革命的胜利，使社会生产力从封建社会的束缚下解放出来，获得了前所未有的发展，也为技术革命开辟了广阔的道路。从18世纪中叶开始，首先在英国掀起了第一次产业革命，随后遍及欧美各国。这次产业革命的实质，也就是生产技术的革命。它以蒸汽机为代表的机器体系代替了手工工具，机器生产代替了手工劳动，从而开始了资本主义工业化的过程。产业革命和由此导致的机器大工业生产为资本主义生产方式的建立奠定了强大的物质基础。从此，资本主义才彻底地战胜了封建制度和小商品生产，成为占统治地位的生产方式。随着社会生产力的空前提高和现代市场经济的日益发展，生产资料也以从未有过的速度和规模集中起来，社会分工和生产专业化也越来越获得广泛发展，使得生产规模迅速扩大和产品数量急剧增加。资产阶级为了不断扩大商品的销路和寻求廉价的原料，奔走于全世界，把自己的触角延伸到世界各个角落。于是，不仅分散的地方市场逐步汇合为统一的国内市场，而且打破了民族界限，形成了世界市场。所有这一切，都极大地提高了生产社会化的水平，并且使社会生产力获得了空前迅猛的发展。正如马克思和恩格斯在《共产党宣言》中所说："资产阶级在它的不到一百年的阶级统治中所创造的生产力，比过去一切世代创造的全部生产力还要多，还要大。自然力的征服，机器的采用，化学在工业和农业中的应用，轮船的行驶，铁路的通行，电报的使用，整个整个大陆的开垦，河川的通航，仿佛用法术从地下呼唤出来的大量人口，———过去哪一个世纪料想到在社会劳动里蕴藏有这样的生产力呢？"①

然而，促使生产力进步只是资本积累的一个方面。它的另一个方面是社会的贫困的

① 中共中央马克思恩格斯列宁斯大林著作编译局：《马克思恩格斯文集》（第2卷），人民出版社2009年版，第36页。

积累。

（二）资本有机构成

从无产阶级的角度看，资本积累是什么呢？无产阶级看到了自己的贫困和大量的失业人口。为什么随着资本积累、经济发展，无产阶级却无法得到生活的改善呢？这就不能不涉及资本积累的社会属性问题。资本积累的社会属性需要用不变资本和可变资本这种二分法来分析。为此，我们不得不先研究不变资本与可变资本的比例。

在物质形态上，资本表现为一定量的生产资料和劳动力。在一个企业和一个社会中，它们的比例是由生产的技术水平决定的。这种反映技术水平的生产资料和劳动力的比例，叫作资本的技术构成。它们又表现为一定数量的不变资本和可变资本的比例，叫作资本的价值构成。资本的技术构成决定价值构成，资本的价值构成变动通常反映技术构成的变动。① 这种由资本的技术构成所决定，并且反映着资本技术构成变化的资本价值构成，叫作资本的有机构成，可用公式 $c:v$ 表示。就单个企业 i 而言，资本=不变资本（生产资料的价值 C_i）+可变资本（劳动力的价值、工资总额的价值 V_i）。这个企业的资本价值构成（λ_i）=不变资本/可变资本=C_i/V_i。这被称作资本的技术构成，它表示单位可变资本所能推动的不变资本的数量，与平均每个劳动力所能使用的机器、设备的数量形成一定的函数关系。注意，尽管资本是逐利的，但任何一个资本都不可能总是处在最优的技术构成、价值构成之中，而是常常处于非最优的技术构成、价值构成状态。

把一定部门的所有单个资本的不变资本和可变资本分别相加，再相除，就得到这个部门的总资本构成 λ^S。

$$\lambda^S = \sum_{i=1}^{NS} C_i \Big/ \sum_{i=1}^{NS} V_i \tag{3.3}$$

请注意，一般情况下，$\lambda^S \neq \sum \lambda_i$。

把一个国家的所有部门的不变资本和可变资本分别相加，再相除，就得到这个国家的总资本构成 λ。

λ 保持不变只是资本积累过程的一种可能，而且是一种概率不高的可能性。一些生产资料（如原料和辅料）的增长是劳动力生产率增长的结果，另一些生产资料（如机器、设备、厂房、工具）的增长则是劳动生产率增长的条件。这时，生产资料的总量可能相比劳动力以更快的速度增长。这表现为劳动生产率的增长和资本的快速积累，同时又表现为资本的价值构成中不变资本部分比可变资本部分日益相对增长。

用 1_{PM} 表示一单位的生产资料，$V_t(1_{PM})$ 表示一单位的生产资料在时间 t 的价值。用 PM_t 来表示在时间 t 的生产资料的数量。劳动生产率的增长能够使得 PM_t 快速增长，在100年的时间里，PM_t 可能增长几百倍。但是，在这么长的时间里，$V_t(1_{PM})$ 也会下降。因此，$V_t(1_{PM})PM_t$ 也会上升，但只会以比 PM_t 变化速度更慢的速度上升（请读者用数学加以验证）。马克思认为，以下公式成立：②

① 单纯由于价格的变动，不变资本和可变资本之间的价值比例也会发生变化。

② 中共中央马克思恩格斯列宁斯大林著作编译局：《资本论》（第一卷），人民出版社2004年版，第719页。

$$\frac{\Delta(C-V)}{C-V} < \frac{\Delta(C/1_C - V/1_V)}{C/1_C - V/1_V} \tag{3.4}$$

也就是说，不变资本和可变资本之间的差额的增大，同不变资本转变成的生产资料的量和可变资本转变成的劳动力的量之间的差额的增大相比要慢得多。后一个差额的增长推动前一个差额增长，但是增长的幅度较小。

马克思为什么要探讨上面的公式的关系呢？这是因为他看到了在19世纪中叶投入纺纱业的资本价值中不变资本占7/8，可变资本占1/8，而在18世纪初不变资本、可变资本各占1/2。上面的公式的关系就是对这类现象思考的结晶。

假设资本积累了，即总量$K(=C+V)$变大了，再假设资本的有机构成$\lambda(=C/V)$提高了。请问对劳动的需求提高20%，在资本积累前后所要求的资本增加分别是多少？答案是在资本积累前，资本总量需增加20%。而在资本积累后，由于有机构成的提高，资本总量需要增加超过20%，甚至远远超过20%。比如，原有资本从6000增加到18000，有机构成从原来的1变为后来的4。现在要使劳动的需求增加20%，就需要将原有资本增加为3倍。①

所以资本积累不仅是资本的量的扩大，而且是通过资本构成不断发生质的变化，减少资本的可变组成部分来不断增加资本的不变组成部分而实现的。这种结构的变化是简单的资本积累方程式（3.2）所无法反映的（见图3.2）。

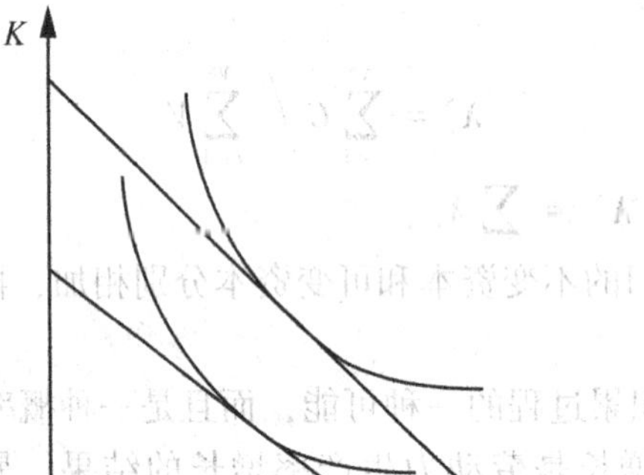

图3.2 伴随资本积累的资本有机构成的变化（$\beta > \alpha$）

注：这里的资本是指不变资本，而不是指总资本。西方经济理论中也有类似的图形，但在那里，资本是指总资本。而且价格是影响资本和劳动力的选择的最重要变量。而在这里，决定不变资本与劳动力比例的是技术水平。西方经济理论把价格上升到太高的地位了。随着技术变化和资本积累，劳动力对总资本的增长总是在下降的。价格在其中只起到很微小的作用（不仅有资本积累，还有旧资本不断发生形态变化）。马克思的分析在精确性上比晚于它出现的新古典理论更加精细。

① 中共中央马克思恩格斯列宁斯大林著作编译局：《资本论》（第一卷），人民出版社2004年版，第719页。

【阅读材料】

资本有机构成提高的一种作用①

梳理英国传媒发展历史可以看到，英国在19世纪上半叶曾出现大量工人阶级的媒体，例如《穷人卫报》、《北方星报》等，这主要是因为，当时办报只需非常低廉的启动和运营资金，激进报纸的资金完全可以由工人阶级内部所提供。这些媒体"反复强调工人阶级有潜力通过集体和有组织的行动促使社会产生变革，从而在它们中间树立了更大的群体信心"，这非常有利于树立工人阶级的阶级观念，以与资产阶级的价值观念相对立。然而，随着19世纪后半期报业领域的工业革命，转轮印刷机、整行铸排机等技术的普遍应用，使报刊出版所需的资金成倍上升。1837年，成立一家全国性的有利可图的报社仅需1000英镑，且其发行量仅需6200份即可盈亏持平，而到1867年，办一家日报的起步费用是5万英镑，到1918年已经高达上百万英镑才能维持运转。媒体的市场化和资本化，再加上资产阶级政府的暴力镇压，最终使工人阶级的媒体被逐步边缘化。19世纪后半叶以来，英国再也没有出现一家全国性的工人阶级媒体，大众媒体日益集中化、垄断化。左翼媒体的消亡是左翼政治力量消亡的重要原因。

在20世纪后半期以前，西方传统政党基本上依靠党员活动来联系、说服、组织、动员群众，政党组织是党魁和政党候选人联系动员大众的媒介。随着大众传媒对广大群众思想渗透和控制能力的日益增强，特别是广播、电视、互联网的产生和发展，党魁和政党候选人通过专业竞选团队和大众传媒动员民众所起到的效果，已经远远高于原来的资产阶级政党组织，后者逐渐被前者取代，资产阶级政党出现了去政治化、去组织化的现象，政党媒体化的趋势日益明显，而大众媒体则已经完全被垄断资本寡头所掌控。

(三) 作为社会关系积累的资本积累

根据这个有机构成的概念，资本积累必然是一种社会关系的积累，而且随着有机构成的提高，社会关系可能会发生质变。正是由于这个原因，资本积累的最重要的问题是资本构成及其变化对工人阶级命运的影响，而不是资本总量。在西方经济学中，经常关心的变量却是资本总量的均衡状态。

1. 资本积累的经济实质

资本家对自己的商品具有所有权，并按照等价交换的原则占有别人的商品，这被称为商品生产所有权规律。从单个过程来看，无论资本家向工人支付工资多么及时，表面看起来多么公平，资本家还是获得了剩余价值。资本家通过劳动力的买卖，占有了工人生产的全部产品及其中包含的剩余价值，这被称为资本主义占有规律。这一占有规律，在资本主义的一次生产过程中，表现为一次性地无偿占有；在资本主义简单再生产中，表现为不断

① 引自马钟成：《英国脱欧现象的本质是资本主义政治体制的衰败》，http：//www. hongtoutiao. net/pinglun/2018-02-06/23073. html#。

反复地占有；在资本积累过程中，表现为资本家用无偿占有的剩余价值来换取工人更大量的活劳动。随着资本积累和扩大再生产的进行，以商品生产和商品流通为基础的商品所有权规律，通过它本身内在的、不可避免的辩证法在更大规模上转化为自己的直接对立物——资本主义占有规律。资本家不断地利用无偿占有的别人劳动的成果，来继续无偿占有别人更多的劳动，以增值资本价值，这就是资本主义私人资本积累的经济实质。

2. 资本积累对工人阶级中的就业者的影响

资本主义私人资本不能不对它借以实现积累的工人产生影响。资本主义制度下一切生产剩余价值的方法都是靠牺牲工人个人，迫使就业工人不得不从事过度劳动，使他们的健康恶化、遭遇疾病来实现的。资本主义把一切发展生产的手段都转变为统治和剥削工人的手段，都使工人畸形发展，成为局部的人，把工人贬低为机器的附属品，使工人受劳动的折磨，并且随着科学作为独立的力量被并入劳动过程而使劳动过程的智力与工人相异化；这些手段使工人的劳动条件变得恶劣，使工人在劳动过程中屈服于最卑鄙的可恶的专制，把工人的生活时间也转化为劳动时间，并且把工人的妻子、儿女都抛到资本的札格纳特车轮下。总之，一切生产剩余价值的方法同时就是积累的方法，而积累的每一次扩大又反过来成为发展这些方法的手段。由此可见，不管工人的报酬高低如何，工人的状况必然随着资本的积累而日趋恶化。

资本积累是在更大的规模上再生出资本主义的生产关系：一方面是资本家，另一方面是雇佣工人。而且资本家会越来越成为垄断资本家，因此资本的积累就是无产阶级的增加，无产阶级只能把自己的劳动力时而卖给这个资本家，时而卖给那个资本家。①

3. 资本积累对失业大军的作用

随着资本积累的不断增长，不仅社会财富越来越集中在资产阶级手中，而且无产阶级生活极不安定，工作和生活没有保证，失业人数不断增加，许多人陷丁依靠救济、社会福利的贫困境地。所以，随着资本有机构成的提高，资本对劳动力的需求也就会日益相对地减少，在有些部门，对劳动力的需求会绝对地减少。随着资本积累的进行，劳动力的供给却日益绝对地增加。这主要是因为：（1）由于技术进步和机器的广泛使用，许多操作变得简单了，导致大量的妇女和儿童涌进工厂；（2）资本主义的发展，促使小生产者迅速分化，大批农民和手工业者破产，纷纷加入雇佣劳动者队伍；（3）人口的绝对量，乃至劳动力的绝对量在不断增加。这样，随着资本积累的增长和资本有机构成的提高，必然出现两种完全对立的趋势：一方面，资本对劳动力的需求日益相对地，甚至是绝对地减少；另一方面，劳动力对资本的供给却在迅速地增加。其结果，就不可避免地造成大批工人失业，产生相对过剩人口。所谓相对人口过剩，是指劳动力的供给超过了资本对它的需要，即这部分劳动力的使用不能给资本带来平均的剩余价值。所以，这种人口过剩不是绝对过剩，而只是相对过剩。

相对过剩人口，即失业人口和按照西方标准不算做劳动力但又有劳动能力的人口的经常存在，是资本决定资源配置的必然结果。尽管西方国家政府不断推出促进“充分就业”

---

① 中共中央马克思恩格斯列宁斯大林著作编译局：《资本论》（第一卷），人民出版社 2004 年版，第 708 页。

的政策和手段，但西方大量相对过剩人口一直存在。这是因为，相对过剩人口的产生是有其深刻社会背景的，是同资本积累过程中资本有机构成不断提高密切相关的。

在资本主义社会，相对过剩人口有三种形式：（1）流动形式的过剩人口。他们主要存在于现代的工业中心城市，失业工人经常由于企业生产规模的扩大与缩小，时而被吸收到生产过程中去，时而又被解雇，回到失业队伍中来。（2）潜在形式的过剩人口。这主要是指农业中的过剩人口。由于农业中资本有机构成的提高，对农业工人的需求日益减少，于是农业中便产生了大量过剩人口。但从表面上看，他们还常常保留少量生产资料和土地，好像没有失业，但实际上已经过剩了。（3）停滞形式的过剩人口。这主要是指那些没有固定社会职业，只能揽点零活在家里劳动的人。他们的劳动条件最为恶劣，而收入又最低。

马克思指出："社会的财富即执行职能的资本越大，它的增长的规模和能力越大，从而无产阶级的绝对数量和他们的劳动生产力越大，产业后备军也就越大。可供支配的劳动力同资本的膨胀力一样，是由同一些原因发展起来的。因此，产业后备军的相对量和财富的力量一同增长。但是同现役劳动军相比，这种后备军越大，常备的过剩人口也就越多，他们的贫困同他们所受的劳动折磨成反比。最后，工人阶级中贫苦阶层和产业后备军越大，官方认为需要救济的贫民也就越多。这就是资本主义积累的绝对的、一般的规律。"① 这可以正式地表示为如下规律：

资本主义生产方式的特有人口规律：工人人口本身在生产出资本积累的同时，也以日益扩大的规模生产出使他们自身成为相对过剩人口的手段。②

资本主义生产方式的特有人口规律，揭示了资产阶级财富的积累同无产阶级失业、贫困之间的内在的、本质的联系。这就是说，由于资本积累的增长，从而引起资本有机构成的提高，造成资本对劳动力需求的相对的，有时甚至是绝对的减少，由此形成相对过剩人口即产业后备军。产业后备军的绝对量会随着经济周期性的变化而变化，但总的趋势是在扩大。其中，有的会再就业，但总是存在一部分失业大军，即"常备过剩人口"。这部分过剩人口不受劳动折磨了，但贫困增大了，成为需要救济的贫苦阶层。资本主义生产方式的特有人口规律尖锐地揭露了资本积累过程的对抗性矛盾：它的一极是资本家财富的积累，另一极是无产阶级失业、贫困的积累。在业工人为减少贫困，就得多受劳动折磨；失业工人不受劳动折磨了，却要受贫困增大的折磨。

资本主义社会存在的大量相对过剩人口，不仅是资本主义制度的必然产物，而且是资本主义生产方式存在和发展的必要条件：第一，相对过剩人口可起到劳动力的蓄水池的作用，以适应资本主义经济间歇式发展的需要。资本主义生产通常是从危机到繁荣，从繁荣又到危机这样周期性发展的。在危机期间，大量劳动力失业；在繁荣期间，又需要大量增添劳动力。如果仅仅依靠人口的自然繁殖，是无法适应这种需要的，而相对过剩人口的存

① 中共中央马克思恩格斯列宁斯大林著作编译局：《资本论》（第一卷），人民出版社 2004 年版，第 742 页。

② 中共中央马克思恩格斯列宁斯大林著作编译局：《资本论》（第一卷），人民出版社 2004 年版，第 727~728 页。

在，就可以随时调节劳动力的供给。第二，大量相对过剩人口的存在，有利于资本家加重对工人的统治和剥削。这是因为，在劳动力供过于求的情况下，资本家可以乘机压低工资，使用更廉价的劳动力，还可以迫使工人遵守资本主义的劳动纪律。资本通过迫使一部分劳动力无事可做来迫使有事可做的劳动力过度劳动。马克思因而认为决定工资变动的不是工人人口的绝对数量，而是工人阶级分为现役军和后备军的比例。这是资本家致富的手段。资产阶级的宏观经济学提出一种自然失业率的概念，并把它解释为无法消除的失业；资产阶级的宏观经济学还提出一种沮丧的工人的概念，认为这些工人不是劳动力。而如果把劳动普遍限制在合理的程度，并在工人阶级的各个阶层中按年龄和性别进行适当安排，依照现有的规模继续进行生产，工人的人口则可能是绝对不够的。

由于相对过剩人口的必然性和必要性，使相对过剩人口或产业后备军同积累的规模和能力始终保持平衡的规律把工人钉在资本上，比赫斐斯塔司的楔子把普罗米修斯钉在岩石上还要牢。这一规律制约着同资本积累相适应的贫困积累。因此，在一极是财富的积累，同时在另一极，即在把自己的产品作为资本来生产的阶级方面，是贫困、劳动折磨、受奴役、无知、粗野和道德堕落的积累。这个在凯恩斯的话语中被轻描淡写地说成是丰裕中的贫困。

4. 资本积累对资产阶级本身的影响

马克思指出，积累不仅表现为生产资料和对劳动的支配权的不断增长的积聚，而且表现为许多单个资本的互相排斥，① 是资本家剥夺资本家、少数资本家转化为大资本家、大量资本家消失的过程。这种互相排斥实际上是西方的产业经济学的实践基础。资本之间的竞争主要方法之一是使商品便宜。商品的便宜与否取决于劳动生产率，后者又取决于生产过程创新和生产规模。因此大资本战胜小资本，生产过程创新企业打败守旧的企业。随着资本主义的积累，在正常情况下进入某种行业所需要的单个资本的最低限量提高了。较小的资本被挤到大工业还只是零散的或不完全占领的生产领域中。资本之间竞争的另一个主要方法是所谓的产品创新。产品创新不是使商品变得便宜来竞争，而是使商品变得昂贵来竞争。

5. 资本积累可能产生暂时的经济繁荣

在特殊的时期，资本主义的资本积累也能带来社会的繁荣，这并不奇怪。假设 λ 保持不变，当物质资本（机器、厂房、设备、原材料）积累（更多资本家创业）时，就需要有可变资本的同比例增加。物质资本积累越快，对劳动力的需求增长就越快。资本每年都产出剩余价值，其中的一部分每年都并入原资本。在开辟了新市场、新投资领域的情况下，剩余价值转化为资本的比例就会提高，物质资本积累能够迅速扩大，从而劳动力需求提高。在 20 世纪大萧条发生之前的 20 年中，美国的物质资本积累提高了对普通劳动力的需求，产生了美国社会的普遍繁荣，以至于许多经济学家认为，美国经济进入了新时代，而这个泡沫很快就破灭了。工人的失业率在几年后达到了 25%。英国则在整个 20 世纪 20 年代都在遭受高失业率的折磨。

① 中共中央马克思恩格斯列宁斯大林著作编译局：《资本论》（第一卷），人民出版社 2004 年版，第 721 页。

20世纪70年代后，技术密集型领域资本积累的加速产生的劳动力需求是对受过高等教育的人才的需求，这在西方被称作对人力资本的需求（人力资本的概念存在一些严重的问题）。这样的人拿到的工资就会高于普通劳动力所拿到的工资，因而产生工资溢价(这是效率工资的一种特殊形式)。然而，这使得资本主义国家蓝领工人的工资普遍下降了。

在21世纪，无产阶级的增加不再主要表现为雇佣劳动力的增加，而且是表现为失业大军的增加。马克思曾称这些失业大军为产业后备军，实际上产业后备军可能永远不会再就业了。这样的人在西方宏观经济学中被认为不再是劳动力了，因为产业空心化导致资本主义国家把大量产业转移到第三世界，从而提高了本国不再就业的劳动力的数量所占人口总数的比例。这可能表现为西方资本主义国家劳动参与率的下降。

(四) 影响资本积累的因素

一个国家在某个时刻的资本存量总是受到可得的投资流量和对既有资本存量的调整的影响。

1. 可得的投资流量主要取决于以下因素

第一，对劳动力的剥削程度。同量的可变资本获得的剩余价值越多，资本积累的数量也就越多。所以，提高劳动强度，延长劳动时间，压低工资等办法，都可以促进资本积累。在资本主义发展前期，就采用过这种资本积累手段。

第二，社会劳动生产率水平。当社会劳动生产率提高时，商品的价值就会降低，这便会从以下几个方面影响资本积累的规模：一是由于生活资料价值降低，使劳动力价值下降和缩短必要劳动时间，取得相对剩余价值。二是由于劳动力和生产资料价值下降，同量资本可以购买更多的生产要素，扩大生产规模，取得更多的剩余价值。三是可由效率更高和价格更便宜的新的生产资料代替旧的生产资料，获取更多的超额剩余价值和相对剩余价值。

提高社会劳动生产率的方法，同时也是提高剩余价值或剩余产品的生产方法，它使得资本加速积累，使资本加速生产出资本，表现为进入生产过程的资本量的不断增长。这种增长又成为一种扩大的生产规模以及随之出现的提高劳动生产力和加速剩余价值生产的方法的基础。这是一个资本主义生产方式随着资本积累而发展，资本积累又随着资本主义生产方式而发展的循环累计过程。

第三，折旧速度。通常而言，折旧速度越快，资本积累就越快。

第四，预付资本量的大小。在剩余价值率一定的条件下，剩余价值量决定于被剥削的工人人数。如果不变资本和可变资本的比例不变，那么，预付资本量越大，其中的可变资本也越大，取得的剩余价值也越多，从而积累的规模也就越大。

第五，资本家减少剩余价值中消费基金相对积累基金的比例。对于社会主义国家而言，通过消灭资产阶级，就可以极大地扩大资本积累的可能性。

2. 对既有资本存量的调整

在资本总量不变的条件下，把原来分散的众多中小资本合并成为少数大资本，可以使资本积累加快，这种方法叫作资本集中。它既可以采取大资本吞并中小资本的形式，也可以采取股份公司的形式。在竞争的压力下，在信用提供的杠杆的作用下，大资本凭借广泛利用先进技术，合理组织劳动，提高设备利用率以及降低生产成本等优越条件，不断打败分散的中小资本来实现资本集中。另外，资本主义信用制度的发展，也大大加速了资本集中的过程：一方面，大资本可利用银行贷款来加强自己的竞争力；另一方面，信用又促使一些分散的中小资本联合起来，组成规模巨大的股份公司。理解这些机制需要本书后面如第六章的知识。

三、资本积累的趋势

对资本积累的分析自然产生了一个问题：这种非自然、非人性、非人道的状态何时终结？随着资本积聚和资本集中的进行，资本主义生产越来越社会化。这主要表现在以下三个方面：

第一，通过资本的集中和积聚，单个资本日益膨胀，出现了规模巨大的企业，集中成千上万的工人一起共同生产，生产过程成为许多人共同协作的社会化生产，产品也成为协同劳动的产品。

第二，各个企业和各个部门之间的社会分工和专业化不断发展，它们之间相互依赖和相互制约的协作关系日益密切。

第三，随着生产规模的扩大和社会分工的发展，狭小的、分散的地方市场逐渐汇合成为统一的国内市场，进而又突破国家和民族的界限，形成和发展了世界市场。

资本主义生产的高度社会化，客观上必然要求生产资料和劳动产品归社会共同占有，以便对社会生产实行统一的计划管理，并根据社会的需要对劳动产品实行统一分配。这样，生产关系才能适应生产力的社会性质。但是，资本积累使得生产资料和劳动产品越来越集中在少数资本家手中，这就使得资本主义生产方式的基本矛盾——生产社会化同生产资料资本主义私人占有制之间的矛盾，越来越尖锐，也使得这一矛盾决定的资本主义社会还存在的其他一系列矛盾，诸如单个企业内部生产的有组织性和有计划性同整个社会生产的无政府状态之间的矛盾，生产无限扩大的趋势和劳动人民有支付能力的需求相对缩小之间的矛盾，无产阶级与资产阶级之间的阶级矛盾等，越来越尖锐。这些矛盾越尖锐，生产资料的集中和劳动的社会化同它们的资本主义外壳之间就越不能相容。资本主义生产方式的这种局限性，使其必然为新的社会制度所替代。

资本主义积累的发展不仅为自己的灭亡准备了客观物质条件，即社会化大生产，而且还为变革资本主义生产关系准备了社会力量，即无产阶级。无产阶级是最先进社会生产力的代表，是资本主义制度的掘墓人。考察资本积累的历史趋势可以看到，资本主义私有制的建立，是对以个人劳动为基础的私有制的一个否定；而资本主义积累，又必然引起对资本主义私有制自身的否定，这是否定之否定。这种否定不是重新建立私有制，而是在资本主义时代的成就的基础上，在协作和对土地及靠劳动本身生产的生产资料共同占有的基础上，“重新建立个人所有制”。这种新形式的个人所有制，是指联合起来的劳动者的个人所有制，实际上就是由全社会共同占有生产资料的公有制。但“公有”的主人，即全体劳动者又是由各个劳动者个人组成的，他们共同占有生产资料，实现劳动与生产资料的直接结合，因而公有制就是联合起来的劳动者个人所有制。

在这种社会矛盾面前，资产阶级是否还能如其所愿地得到它们想要得到的利润率？对此问题的否定回答，需要我们下面两章的内容。它使得资本主义灭亡不是单纯无产阶级的愿望了。

复习思考题

1. 为什么说劳动力转化为商品是货币转化为资本的前提？劳动力商品有哪些重要特点？假设某人拥有10万亩土地，有1亿元货币，而没有一个工人。这个人如果想把他的土地和货币转化为资本，他还缺少的是什么？

2. 剩余价值是怎样生产出来的？为什么说资本主义生产的实质是剩余价值生产？

3. 资本的本质是什么？区分不变资本和可变资本有什么意义？

4. 资本家提高剥削程度的两种基本方法是什么？

5. 资本主义工资的本质是什么？工资怎样掩盖了资本主义剥削的实质？工人阶级生活条件的改善是否会改变资本主义生产关系？是否会改变资本主义经济制度？

6. 分析资本主义简单再生产，可以看出资本主义生产关系的哪些特点？

7. 资本积累的实质是什么？资本积累和资本主义扩大再生产的关系是什么？

8. 什么是资本有机构成？单个资本增大的两种形式是什么？

9. 为什么说相对过剩人口是资本主义制度的必然产物，同时又是资本主义存在和发展的必要条件？工资提高一定会刺激工人人口增加吗？你想做无产者吗？你想做有产者吗？这两个问题的提法对不对？

10. 怎样认识资本原始积累的实质和资本积累的历史趋势？

11. 贫困是由于人口绝对过剩造成的吗？

12. 资产阶级革命是否必然胜利？

第四章　实体产业资本的运动

资本流通有广义和狭义之分。狭义上，资本流通指生产要素（资本）购买和产品（资本）销售；广义上，资本流通指资本的生产过程和狭义的资本流通。所谓运动，既包含客体的存在形式，也包含客体不同形式之间的转化。资本的不同存在形式和不同形式的转化构成资本的完整的生命周期。这个周期不断循环，构成产业、企业自身的维持和扩大。所有产业、企业的存在和运转构成经济体系。本章从广义意义上对资本流通加以研究。它所揭示的规律部分也是社会主义条件下企业微观运行机制和规律的共性。

第一节　实体产业企业资本的循环

一、三个阶段和三种职能形式

所谓实体产业企业，指工业、农业、建筑业、交通运输业、部分服务业等物质和非物质生产部门。实体产业企业资本，指这些产业企业所投放的资本，即能够实现价值增值的资金。为了方便，本章简称企业。所谓企业资本循环，指资本家把自己筹集到的资金，依次分别用于购买（这种资金这时叫作货币资本）、生产（这时所用的资金以及部分货币资本叫作生产资本）、销售（这时所用的资金以及部分货币资本和部分生产资本叫作产品资本）三种活动，完成三种职能，实现价值增值，最后又回收资金（货款），从而回到原来出发点的运动过程。在实际经济中，这三种资本的总和大于企业预付资本，因为有些资本同时存在于这三种活动中。

让我们从一个新建企业如何开始营业来开始分析。

（一）购买阶段：第一阶段

购买活动是资本循环运动的第一阶段。在这一阶段中，资本家派出其职能部门（如市场部和人力资源部）以要素和劳动“采购员”的身份，在商品市场（包括劳动力市场）上，用他的货币购买生产资料和劳动力，为生产准备条件。这个阶段用公式表示为：

$$G - W\begin{cases} A \\ P_m \end{cases} \tag{4.1}$$

其中，G 代表货币，W 代表商品，A 代表劳动力，P_m 代表生产资料，-表示购买。

资本的购买与消费者的购买过程既有相同点，也有不同点。相同点在于，二者都是货币与商品的交换，都是放弃货币，从而换得持有商品；二者都涉及交换的条件，并且交换可能需要签订正式的契约（如劳动合同、供货合同）；二者都涉及所购买商品的种类结构的问题。在这两种购买中，货币都是作为流通手段或支付手段来实现职能的。

二者的不同在于，资本的购买不是为了生活性消费，不是为了直接获得生活性、享乐性效用，而是为了获得剩余价值（或利润），可以叫作生产性消费。消费者购买是为了消耗耐用性或非耐用性商品来维持自己的生存或其他（如炫耀、地位）需要。资本购买的目的既然是为了获得剩余价值，其活动就要比消费者购买复杂得多。消费者购买商品常常无需签署合同，一手交钱一手交货，即完成购买。资本购买的生产资料和劳动力一般不为消费者所购买。生产资料是生产剩余价值的物质条件，劳动力的使用价值是生产剩余价值的原因。简单来说，生产资料是价值创造的外因，而劳动力是价值创造的内因。由于与价值创造的关系不同，二者对所创造的价值的所有权也应该不同。但到底怎样不同又是一个重大问题，关系到社会主义社会与资本主义社会的根本差别。社会主义社会认为，劳动者应该占有所有的价值，而资本主义社会认为，资本所有者应该占有大量比例的价值。在资本主义社会中，生产资料的私人所有者所占的价值的比例可能达到全社会价值的1/3。

式（4.1）并不是一个普遍的规律，而只是资本主义或类资本主义条件下的规律。比如，资本主义条件下的 P_m 与封建社会条件下的 P_m 在内容上是根本不同的，它包含了体现科学技术的大机器。马克思把资本主义生产说成是机器大生产。又如，只有在资本主义或类资本主义条件下，货币资本才有权力在劳动力市场上大量购买劳动力的使用权。这两个都可以被看作资本主义或类资本主义生产方式的特征。

第一阶段一经完成，资本结构就发生了变化：一部分货币资本进入企业，进入生产过程，转化为生产资本。至此，货币资本的职能执行完毕，资本运动进入第二个阶段。

（二）生产阶段：第二阶段

在这个阶段中，资本家的角色一变，从商品购买者变为“商品生产者”。他在法律许可范围内，成立自己认为最适合于自己目的的企业（个人、合伙制、股份制），指挥第一阶段购买来的劳动力，使用生产资料生产出包含价值和剩余价值的新产品。这种产品就成为商品形态的资本，即商品资本。这个过程用公式表示如下：

$$W\begin{cases}A\\P_m\end{cases}\cdots P\cdots W' \tag{4.2}$$

其中，P 代表生产过程，$\cdots$ 代表运动过程的继续，W' 代表包含着剩余价值的商品资本。

在这个阶段，生产资料变得不再是单纯的物了。正是在这个阶段，生产资料作为物，产生了一种新的特殊的使用价值。这种使用价值具有一石二鸟的功能。资本家通过这种剩余价值的生产取得剩余价值，而劳动者得到工资。二者之间数量差别巨大。剩余价值可能高达数百万、数千万，由几个股东出资人根据出资份额分割其中的一部分或全部，而单个工人的工资每年只有几千或几万。美国今天的人均 GDP 是 5 万美元左右，而平均收入只有 2 万美元左右。

由于获得那么大的利益，资本家因此可能会尽心尽力地管理这个企业，从而形成了生产资料和劳动力在资本家手中的强制结合，即资本雇佣劳动。两者结合的方式和方法取决于资本家的意志。这种生产过程不是一般的生产过程，而是从属于资本家需要。这种特殊的结合方式决定了资本主义生产过程要从属于资本家，其生产目的是生产出包含剩余价值的产品，而不是为人民谋福利、为社会谋发展。尽管在历史上相当长的时期里，它们二者之间具有共生关系。

只有经过生产阶段，剩余价值才可能被创造出来，资本才可能实现价值增值。所以，生产这个阶段是资本循环全部过程中非常重要而且具有高度复杂性的阶段。经过生产阶段，资本由生产要素形式转化为商品形式，由生产资本转化为商品资本。同时，资本在数量上也发生了变化，实现了价值增值。当这个阶段完成后，资本运动就进入第三个阶段。

（三）销售阶段：第三阶段

在这个阶段，资本家正好逆转了在第一阶段的购买者的身份，而成为销售者。他以"推销员"的身份带着包含剩余价值的商品重新回到市场上。如果顺利地卖出商品，资本家就实现了价值，就能获得剩余价值，取得比预付资本价值所对应的货币数量还要多的货币。这一阶段用公式来表示就是：

$$W' - G'$$

其中，W' 表示商品资本，G' 表示货币资本。这个公式也可以写成：

$$W'\begin{cases}W\\w\end{cases} - G'\begin{cases}G\\g\end{cases}$$

其中，W' 和 G' 代表商品资本的价值，W 代表商品资本价值中所包含的预付资本的价值，w 代表生产所创造的剩余价值，W 代表商品资本价值中所包含的预付资本价值所对应的货币数量，g 代表剩余价值所对应的货币数量。

请注意，资本家销售的商品就已经包含了价值增值。如果我们假设没有资本家能够在销售环节进行欺诈，即所有的销售都是公平价格，那么，价值增值就只能发生在第二阶段了。因此，这种商品销售实际上销售的是商品资本，无论这种商品是资本品还是消费品。从形式上看，这个阶段与一般商品流通的销售过程没有什么区别，都是等价交换，商品价值量没有发生任何变化，发生变化的只是价值的形式，即从商品形式变为货币形式。从本质上看，资本主义的销售过程作为资本运动的一个特定阶段，又有特殊的资本属性。因为资本家销售的商品，包含着剩余价值，是作为增值的资本价值而存在的。因此，处于销售阶段的商品，不仅是一般商品，而且是商品资本；商品资本的销售过程不仅是价值形式转变的一般商品流通过程，也是商品资本的价值以及包含在其中的剩余价值的实现过程。

销售阶段虽然不创造价值，但也不可或缺。如果不能卖出全部或大部分产品，资本家的资本循环就要中断，就不得不寻求新的资金（银行贷款、股票、债券融资、自有资金等）。如果找不到新的资金，就要么缩小生产，要么停业，要么破产。因此，产业资本循环的第三个阶段，作为商品资本价值与剩余价值的实现阶段是不可或缺的，它关系到资本家的命运。马克思将它这个阶段喻为"惊险的跳跃"，因为它关系到资本家能否收回预付资本，能否实现剩余价值以及价值实现的速度等。也就是说，生产出来的商品，必须快速全部地销售出去，才能实现资本的正常运行。只有当资本顺利地通过销售阶段，第一个资本循环过程才告结束，第二个资本循环过程才能开始。

以上我们分析了资本运动的三个阶段。它们连贯起来，就构成资本的一次完整的运动过程。所谓资本运动总过程，就是资本依次经过购买、生产、销售三个阶段，相应地采取货币资本、生产资本和商品资本三种职能形式，使价值得到增值，最后又回到原来出发点的运动过程。资本运动总过程可以用图 4.1 表示：

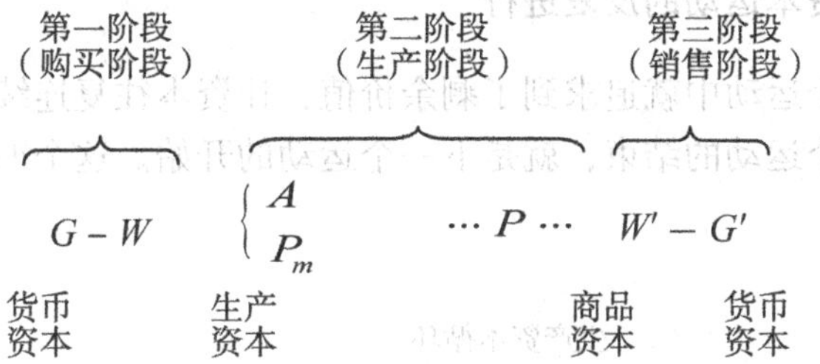

图 4.1　资本的运动过程和不同的形态

从资本运动公式我们可以看出：

第一，资本运动过程是流通过程与生产过程的统一。资本运动的第一个和第三个阶段都是资本的交换过程，第二个阶段是资本的生产过程。很显然，如果没有第一个阶段的交换，生产就不能进行，如果没有第三个阶段的交换，资本就无法回到原点，如果没有第二个阶段的生产，剩余价值就创造不出来。与封建社会相比，第二个阶段是资本主义社会的独特特征。而且，所交换的商品总是要被生产出来。于是，总体而言，企业资本的运动是流通与生产的统一。

在这三个阶段中，就政治经济学来看，起决定性作用的是第二个阶段，即资本的生产过程，因为价值和剩余价值只有在生产过程中才被创造出来。但是资本运动也离不开流通过程，如果没有第一阶段对生产资料和劳动力的购买，就不能进行剩余价值的生产；如果没有第三阶段商品的销售，生产的剩余价值就不能最后实现，流通过程是资本运动不可或缺的重要环节。这可以简单地归结为一句话，生产决定交换。生产的商品如果符合社会需要，就能卖出去；生产的商品如果大受欢迎，就可能卖出高价钱，就会出现局部市场的繁荣。因此，产业资本的运动过程是流通过程与生产过程的统一。如果生产出现梗阻，货币就会变成储藏货币，生产资料和劳动力就会闲置起来不被利用。如果社会缺少货币，或者社会最广大人群缺少收入（比如因工资过低），商品就卖不出去，价值和剩余价值就无法实现。

第二，资本运动的三个阶段是相互联系、有机统一的整体。资本只有不断地从一个阶段到下一个阶段，运动才能顺利进行。如果资本在第一个阶段遇到障碍，货币就会变成储藏货币，不能发挥货币资本的职能；如果资本在第二阶段遇到障碍，生产资料和劳动力就会闲置起来不被利用，剩余价值就不能创造出来，或者就不能以最大的限度创造出来；如果资本在第三个阶段遇到障碍，商品卖不出去，价值和剩余价值就无法实现，商品资本就不能变成货币资本，资本运动就不能重新开始。

第三，货币资本、生产资本和商品资本是产业资本运动过程中依次采取的三种职能形式，而不是三种不同类型的独立资本。在运动过程中，资本每经过一个阶段，都必须放弃自己原来的职能形式，转变为另一种职能形式。资本的三种职能形式通过完成各自相应的职能作用来共同完成剩余价值的生产和实现。

二、资本循环是资本运动的反复进行

资本家既然在一个运动中就追求到了剩余价值，让资本往复连续不断、周而复始的运动就顺理成章了。一个运动的结束，就是下一个运动的开始。这个循环过程可以用下面的图形表示：

生产资本循环

$$G-W\cdots P\cdots W'-G'\cdot G-W\cdots P\cdots W'-G'\cdot G-W\cdots$$

货币资本循环　　商品资本循环

其中，·表示不同货币资本循环过程的间隔。

从上面连续不断的资本循环过程可以看出：产业资本三种职能形式中的每一种职能形式，都要经过循环的三个阶段，又回到原来的出发点。与产业资本的三种职能形式相适应，资本循环也同时存在着三个循环形式，即货币资本循环、生产资本循环和商品资本循环。

产业资本的循环从货币资本开始。用公式可以表示为：$G-W\cdots P\cdots W'-G'$，它表示货币资本循环，简记为 $G-G'$。$G-G'$ 的特点是：循环的起点和终点都是货币资本，终点是已发生了价值增值的货币资本。货币资本循环鲜明地揭示了资本主义生产的目的是取得剩余价值，也是一个资本家创业时所要关注的循环，因而是产业资本循环的最明显和最典型的形式。但是，货币资本循环也有片面性，即生产阶段容易被忽视，仿佛价值是在流通中增值的。马克思说："货币资本的循环，是产业资本循环的最片面、从而最明显和最典型的表现形式；产业资本的目的和动机——价值增殖，赚钱和积累——表现得最为醒目（为贵卖而买）。"①

已经处于营业的资本家可能会从另一个角度，即从生产的角度看待资本循环。这个角度是产业资本循环所采取的第二种形式是生产资本循环，可以表示为：$P\cdots W'-G'\cdot G-W\cdots P$，简记为（$P-P$）。$P-P$ 的特点是：它的起点和终点都是生产过程。它表明资本主义是不停顿的再生产过程，即为了不断得到剩余价值的过程。这个循环纠正了货币资本循环所造成的假象，但也有片面性，它使资本主义生产追逐剩余价值的目的被模糊了，容易使人认为资本主义似乎是为生产而生产。

商品资本循环是产业资本循环所采取的第三种形式，也是终结形式，其运动公式为：$W'-G'\cdot G-W\cdots P\cdots W'$，简记为 $W'-W'$。$W'-W'$ 的特点是：它的起点和终点都是包含着剩余价值的商品资本，而商品资本又是生产过程的结果，所以也反映出资本生产作为不断的再生产过程的特征。它也表明商品资本的全部出售，全部被社会所消费，是产业资本正常运转的条件。它的片面性在于，使人容易以为资本主义生产的目的仿佛就是为了满足

① 中共中央马克思恩格斯列宁斯大林著作编译局：《资本论》（第二卷），人民出版社 2004 年版，第 70 页。

社会需要，而资本家追求剩余价值的动机被模糊起来。这种资本循环尤其为商业资本家所关注。

以上分析表明，资本循环的三种形式各有自己的特点，都能从一个侧面反映产业资本运动的特性，但同时又各有自己的片面性，不能全面地反映现实。因此，必须把三种循环形式统一起来进行考察，才能全面了解资本运动的全过程和实质。

三、资本的实际循环

上面的分析假定全部产业资本在一定时间内只采取一种职能形式，首先全部采取货币资本形式，然后全部转化为生产资本形式，最后又全部转化为商品资本形式。但是，这样的假定只是为了研究的方便，现实的资本循环更加复杂。如果资本家要等待全部生产资本转化为商品资本并销售出去后才能再去购买生产资料和劳动力，生产会出现中断。这既不必要，也无法最大限度地满足资本家追逐利润的动机。因此，我们需要进一步考察资本循环。

首先，资本的三种职能形式具有空间上的并存性。任何时候，一个企业的全部资本不能同时只处在一种职能资本形式上，而是必须按一定某个比例分割为货币资本、生产资本、商品资本。这个三部分应该各占多大比例，取决于企业生产的性质、技术水平和购销状况。如果全部资本只存在生产资本一种形式，流通过程就会中断；如果全部资本只存在货币资本和商品资本的形式，生产过程也会中断。只有资本按照一定比例同时以三种职能形式并存，产业资本的循环才能正常进行。

其次，资本在运动中的任何一个阶段都必须运动良好，否则，循环就会中断。比如，如果货币资本买不到机器设备、原材料或劳动力，生产阶段就无法开始。如果企业管理出现混乱，甚至出现罢工，生产阶段也无法进行。如果产品卖不出去，销售阶段受阻，企业就可能出现危机，甚至可能是经济危机。这就是说，产业资本的三种职能形式都必须顺利地进行各自的循环，不断完成职能形式的转换。不论哪一种职能形式的资本，在各自循环的哪一个阶段上停顿下来，都会使产业资本循环发生中断。这被称为资本运动在时间上的继起性，即资本的各个部分要依次经过三个阶段的运动，在时间上继起。

资本的三种职能形式在空间上的并存性和时间上的继起性相互联系、互为条件。没有并存性，各种职能形式就不能相继转换，所以并存性是继起性的前提。如果各种职能形式不能相继进行转化，三种职能形式的并存性也将被破坏，所以并存性又是继起性的结果。产业资本三种职能形式的并存性与继起性的相互关系说明，产业资本的正常循环不仅要使资本同时处于三种职能形式上，并且要同时进行三种形式的循环。因此，资本的现实循环，不仅是流通过程和生产过程的统一，而且是所有三个循环的统一。资本不仅是一种没有止境的价值增值的运动，而且是一个经过各个不同阶段的循环过程，这个过程本身又包含循环过程的三种不同的形式。然而，上述产业资本正常循环的条件不可能是经常具备的，所以，在资本主义制度下，罢工、经济危机、金融危机频频出现。资本主义各种对抗矛盾的存在、周期性爆发的经济危机、经常性的商品销售困难等使得这种条件经常遭到破坏。

第二节 资本的周转

第一节的分析说明了资本怎样在不断的运动中实现价值的不断增值。用博弈论的话语来讲，资本增值的循环不是一次性行为博弈，而是重复博弈连续不断的过程。这个重复博弈在一年中所发生的次数，就定义为资本的周转次数。每次博弈所持续的时间就是资本的周转时间。马克思说："资本的循环，不是当作孤立的过程，而是当作周期性的过程时，叫作资本的周转。"① 本节重点考察资本不断连续运动的速度问题，揭示资本周转快慢对剩余价值生产的影响。周转时间越短，在给定时间里周转次数越多，资本家作为博弈选手参与重复博弈的收益就越大。

一、资本的周转时间和周转次数

周转速度是资本周转的中心问题。我们可以从周转时间和周转次数两个方面考察资本周转速度。

资本周转时间，就是资本家从某一预付一定形式的资本形式开始，经过三个阶段运动，实现价值增值，重新回到原来的资本形式所经历的时间。由于各个部门资本的生产条件和流通条件不同，它们的资本周转时间差别也很大。例如，投入造船业、建筑业的资本周转时间一般较长，而投入服装、食品等部门的资本周转时间较短。

为了衡量和比较各个资本周转的速度，还需要计算周转次数。资本周转次数，指在一定时间内资本周转的次数。这一定时间，通常是"年"。如果以 U 表示"一年"这个时间单位，用 u 表示周转一次所需要的时间，以 n 表示资本周转次数，那么，一年内资本周转次数的计算公式是：$n=\frac{U}{u}$。例如，某个企业资本周转一次需要 3 个月，那么一年内周转次数就是 12÷3=4（次）。

可见，资本的周转速度与给定时间内的周转次数成正比，与周转一次的时间成反比。周转次数越多，周转一次的时间越短，周转速度就越快；反之，周转次数越少，周转一次的时间越长，周转次数就越慢。因此，在市场经济条件下，资本家为了追求尽可能多的剩余价值，总是千方百计地缩短资本的周转时间，增加资本的周转次数，以加快资本的周转。

二、资本周转速度的影响因素

根据定义，资本周转速度首先取决于资本周转时间的长短，即资本生产时间和流通时间的长短。而这两个时间又受到生产资本的构成，即固定资本和流动资本的比例的影响。下面我们分别考察这两个因素的作用。

① 中共中央马克思恩格斯列宁斯大林著作编译局：《资本论》（第二卷），人民出版社 2004 年版，第 174 页。

（一）生产时间和流通时间

1. 生产时间

资本的生产时间，指资本停留在生产领域内的时间，它分为劳动时间和非劳动时间，但又不等于二者之和，因为二者可以重合。

劳动时间是劳动者运用劳动资料作用于劳动对象生产出某种产品所需要的时间。劳动时间的长短取决于产品的性质、生产技术水平、劳动生产率的高低、企业管理水平和分工协作的程度等多种因素。

非劳动时间指劳动过程中断的时间。它包括：(1) 自然力对劳动对象独立发生作用的时间，即某些产品在生产过程中所需要的化学、物理或生理变化等非人工因素作用于劳动对象的时间。例如木材的自然干燥时间、酿酒的发酵时间、农作物的自然生长时间等。(2) 停工时间，指劳动资料，如厂房、机器、设备等正常维修所需要的时间和工人工作过程中休息时间，也称劳动过程中断时间。(3) 生产资料储备时间，指原材料、燃料等虽已进入生产领域，但还没有投入直接生产过程的时间。合理的储备是保证生产连续进行的重要条件。

劳动时间和非劳动时间的长短直接影响资本周转速度的快慢。劳动时间和非劳动时间越长，资本的生产时间就越长，从而资本周转时间就越长，资本周转速度就越慢；反之，资本周转时间越短，资本周转速度越短，资本周转速度就越快。因此，要缩短资本周转时间，加快资本周转速度，一方面要改进生产技术、改善经营管理，尽可能缩短劳动时间。另一方面还要采取各种有效措施，减少不必要的非劳动时间，如：减少不必要的生产储备，运用新技术、新工艺尽量缩短劳动对象受自然力作用的时间，增加工作班次，减少生产资料中断运作的时间，减少不必要的生产储备，增加工作班次，减少生产资料中断作用的时间等。

2. 流通时间

流通时间，指资本停留在流通领域内的时间。它又可分为商品购买时间和销售时间。商品购买时间是资本由货币资本转化为生产资本的时间，即第一阶段持续的时间。商品的销售时间是商品资本转化为货币资本所耗费的时间，即第三阶段持续的时间。由于购买一般很容易，所以商品的销售时间通常是对资本周转速度影响最有决定意义的流通时间部分。

流通时间的长短主要取决于：(1) 市场供给和需求的状况。商品销售市场是繁荣还是萧条，需求量是增加还是减少，供应渠道是畅通还是阻塞，这些因素都会影响流通时间，从而影响资本的周转速度。(2) 商品生产地点与销售市场的距离。一般来说，产销地点距离近，商品销售时间久就越短，资本周转就越快，反之，则越慢。(3) 交通运输条件。交通运输工具先进，运输速度快，流通时间短；反之流通时间就长。(4) 信息通畅程度。信息越通畅，流通时间越短；反之就越长。当一个国家经济比较落后时，企业获得产品的供给往往需要耗费大量时间。

总之，生产时间和流通时间越长，资本周转速度就越慢；反之，则越快。资本家通过缩短生产时间和流通时间来加快资本周转，获得更多剩余价值。

（二）固定资本和流动资本

我们前面提出和使用的资本分类一直是不变资本和可变资本。对资本周转速度的考察本来应该用不变资本和可变资本。但由于对资本周转速度这个问题而言，不变资本和可变资本之间有重合的地方，并不方便，因此，根据资本周转的特点定义另一种资本分类（固定资本和流动资本）来使用是更为方便的。这是因为考察资本流通速度是为了考察资本家如何获得更多剩余价值，要从资本家的角度加以考察。上述生产时间和流通时间取决于生产资本的构成，即取决于固定资本和流动资本的比例关系。

1. 固定资本与流动资本的划分

在生产中，有许多以机器、设备、厂房、工具等劳动资料形式存在的生产资本。对于这些资本，我们把它们聚合在一起，取一个名字（这种办法很有用），叫作固定资本，因为它们参加多次生产过程，并始终保持着与原来差不多的形态，仿佛被“固定”在生产过程中。需要指出，它们并不是真的固定。它们的价值按照在使用过程中的磨损程度逐渐转移到新产品中去（这被称为折旧），随着产品出售而逐渐被收回。我们叫它固定资本，只是为了研究的方便。比如，固定资本的价值分摊到每一单位用它所生产的产品中，这被称为资本分摊。当固定资本进行实物形态更新时，才实现其价值的全部周转。例如，一台机器价值50万元，可以使用10年。在生产中，这台机器以其整个实物形态一直参加生产过程，其价值每年有5万元转移到这一年生产出来的新产品当中。经过10年，这台机器的价值全部转移完毕。如果这是一般的折旧速度，那么，更快的速度折旧就叫作加速折旧。固定资本的折旧就是固定资本的周转。未折旧的不算周转。

生产中还存在很多以原料、燃料、辅助材料等劳动对象和劳动力形式存在的资本。作为劳动对象的物质要素在每次生产过程中被全部消费掉，因而每次新的生产过程都需要不断更新它，它的价值也一次全部转移到新产品中去，并随着产品的出售一次收回。每次新的生产过程都需要使用新的劳动对象。资本家用于劳动力的可变资本，表现为以工资形式给工人支付工资，工人将其用于购买消费资料，因而它的价值不会像劳动资料和劳动对象那样转移到产品中去，但是工人在生产中可以创造出相当于劳动力价值的新价值来，并通过商品出售而把它回收。从形式上看，也仅从形式上看，资本家用于购买劳动力的资本价值和劳动对象一样，也是一次全部投入生产过程，并随着商品的销售一次全部周转回来的。根据这种价值周转方式的特点，可变资本也被列入流动资本。在每个阶段要求工人劳动，都必须支付一次工资。所以，对资本家而言，这个工资支出与原料、燃料、辅助材料等劳动对象是没有差别的。

这样，生产资本按照资本周转方式的不同，就划分为固定资本和流动资本了。流动资本是由一部分不变资本和可变资本构成的。而固定资本都是不变资本。它们之间之所以产生这样的交叉，是因为不变资本和可变资本的概念是用来解释价值创造和剩余价值生产的，而固定资本和流动资本则是基于资本家赚钱的角度划分的。

从资本家的角度看，固定资本周转速度较为缓慢，流动周转速度相对较快。因为固定资本的价值要经过多个周期才能完全转移、收回，而流动资本的价值一次性就能全部转移。这意味着固定资本的资金占用比较厉害，因此，成为资本家决策的重中之重。因为固定资本的物质形态在其有效期内，可以在多次生产过程中连续使用，不必更新，而流动资本的物质形体在生产过程中一次性全部被消费掉，因而需要不断地购买和更新。这更成为企业的日常决策，这些决策都对企业利润率有影响，而且影响是不同的。

2. 固定资本的磨损和更新

固定资本的损耗根据原因不同，分为有形磨损和无形磨损。

固定资本的有形磨损是看得见摸得着的，指固定资本的物质要素由于使用以及自然力的作用而造成的损耗。例如，机器磨损、金属锈蚀、木材朽烂、油漆剥落，它们又称为物质磨损。

固定资本的无形磨损又称为精神磨损，指由于生产技术进步而引起的资本价值损失。无形磨损又分为两种：由生产方法改进或生产资料生产部门劳动生产率提高而引起的资本价值的贬值；由新技术和新发明出现引起的资本价值贬值。精神磨损可能意味着固定资本的过时。

固定资本和流动资本不一定能完全转移到新产品中去。马克思指出，在精神磨损出现后，“即使原有的机器还十分年轻和富有生命力，它的价值也不再由实际对象化在其中的劳动时间来决定，而由它本身的再生产或更好的机器的再生产的必要劳动时间来决定了。因此，它或多或少地贬值了”。① 在竞争压力下，资本家总是尽可能地提高固定资本的利用率，减少固定资本的闲置，同时采取加速折旧的办法，来使固定资本的无形磨损缩减到最小限度。当固定资本彻底过时后，就无法用于生产了。

固定资本的有形磨损和无形磨损被称为折旧，在会计上对应折旧费用。在产品销售后，会提取一部分资金作为这个循环对折旧的补偿。折旧费用积累起来叫作折旧基金。折旧基金用于将来的固定资本的实物更新。从原理上看，折旧应该按照它的磨损程度逐渐转移到新产品中去。但磨损程度不可能得到确切的估计，因此，一般是采取一种计算方法来提取折旧。折旧费的一种可能的公式是：

$$\text{折旧费}=\frac{\text{固定资本原始价值}}{\text{固定资本平均使用年限}}$$

例如，一台机器价值 10000 元，使用期限为 10 年，则平均每年就有 1000 元的价值转移到新的产品中去。资本家卖出商品之后，就可以每年从已经实现的商品价值中提取 1000 元作为机器的折旧费。这样，10 年之后当机器完全损耗而不能继续使用时，就可以用 10 年间积累起来的折旧费——10000 元重置新的机器。这种方法叫作直线折旧。

利用上面的公式，我们还可以定义折旧率，它是每年提取的折旧费与固定资本原始价值的比率。用公式表示就是：

$$\text{折旧率}=\frac{\text{折旧费}}{\text{固定资本原始价值}}\times 100\%$$

$$\text{或者折旧率}=\frac{1}{\text{固定资本平均使用年限}}$$

根据这两个公式均可得出上面例子中的折旧率为 10%。我们曾提到加速折旧的概念。

① 中共中央马克思恩格斯列宁斯大林著作编译局：《资本论》（第一卷），人民出版社 2004 年版，第 465~466 页。

在加速折旧的情况下，各年的折旧率就是先高后低的。

固定资本设备在生产过程中要遭受各种物质损害，当固定资本设备损耗到一定程度时，需要对它们进行大规模修理。由于固定资本大修具有部分更新资本重置的性质，增加了固定资本的原值，因此应由折旧费来补偿。至于固定资本的日常维护和小修理，属于日常零星支出，归入流动资本较为合适。这意味着日常维护和小修理一般不属于固定资本范畴。

3. 固定资本和流动资本对资本周转速度的影响

固定资本和流动资本在周转方式上的差别构成影响资本周转速度快慢的重要因素。固定资本由于预付量大，且价值逐步分批转移，因而价值回收缓慢，资本周转周期长。流动资本是一次性预付，一次性收回，因而价值回收期短，资本周转周期短。这样，在其他条件不变的情况下，企业固定资本所占比重越大，资本周转越慢；流动资本所占比重越大，则资本周转越快。

资本周转速度的快慢意味着资本在一定期限内执行职能的次数和效率，它对于企业经营影响巨大。例如，一个企业可能会因为固定资本的投资比重过大，资本周转时间太长，超出其预付资本量的限制而难以为继。又如，一个企业也可以在固定资本周转一次的期限内，通过加快流动资本的周转来提高固定资本的使用效率。从固定资本和流动资本的区分马上可以推论，对于许多资本家而言，他们倾向于从事固定资本更少的生产。当一个社会需要进行大量固定资本投资的时候，依赖资本家将会难以达到效果。这时，就需要政府更好发挥作用了。究竟怎样是更好、最好，本书不做探讨。

三、预付资本的总周转速度

预付资本的总周转速度是预付资本各个组成部分的平均周转速度。在计算预付资本的平均周转速度时，要抽象掉固定资本与流动资本在周转方式上的差别，而只计算它们各自在一年中周转的价值总额，以二者之和除以预付资本总额，就可以得到。其计算公式是：

$$\text{预付资本的年周转次数}=\frac{\text{固定资本年周转价值总额}+\text{流动资本年周转价值总额}}{\text{预付资本总额}}$$

例如某企业全部预付资本为100万元，其中，固定资本为80万元，流动资本为20万元。在固定资本80万元中，厂房价值为30万元，可使用30年，每年周转的价值是1万元；机器价值为40万元，可使用年限10年，每年周转价值为4万元；小工具价值10万元，可使用5年，每年周转的价值为2万元。因而固定资本的年周转价值总额为1+4+2=7万元。而流动资本20万元，每年周转5次，因而年周转价值总额是20×5=100万元。这样，该企业预付资本年周转次数为（7+100）÷100=1.07次。

由此可见，生产资本的构成对预付资本总周转速度的影响来自两个方面：一是受固定资本与流动资本之间的比例的影响；二是受固定资本与流动资本各自周转速度的影响。

四、资本周转速度对剩余价值生产的影响

资本周转速度的快慢对剩余价值的生产和实现有重大影响。

(一) 资本周转速度对预付总资本量的影响

资本周转时间越长，经营所需要的预付资本量越大。假设有 A 和 B 两一家工厂，他们的预付资本量相同，都是 1000 万元；资本有机构成也相同，均为 4∶1，剩余价值率也相同，均为 100%。但是它们的资本周转速度不同，A 工厂的可变资本每年周转 2 次，那么它预付的 200 万元可变资本在一年中实际发挥着 400 万元的作用，生产剩余价值 400 万元。为了获得同样的剩余价值，如果可变资本周转加快，比如，变为每年 4 次，A 工厂只需要预付 100 万元即可。

(二) 资本周转速度对年剩余价值量的影响

资本周转速度会对年剩余价值量产生影响。在预付总资本中，只有可变资本才是剩余价值的源泉。在其他条件不变的情况下，资本周转速度越快，其中的可变资本的周转速度也越快，资本周转速度就越快，那么一定量的可变资本发挥的实际作用就越大，产生的剩余价值就越多。资本周转速度越快，周转次数越多，一年中产生的年剩余价值量就越多。可见，资本周转速度与年剩余价值量成正比。

所谓年剩余价值量，指资本家预付的可变资本在一年内带来的剩余价值。如果用 M 代表年剩余价值量，m' 代表剩余价值率，V 代表预付的可变资本，n 代表可变资本周转次数，则年剩余价值量可用如下公式表示：

$$M = m' \times V \times n \tag{4.3}$$

根据这个公式，可以计算出上面例子中 A 工厂的年剩余价值量为 400 万元，B 工厂的年剩余价值量为 200 万元。由此可见，资本周转速度的快慢直接影响着年剩余价值量。预付总资本周转速度越快，其中包含的可变资本的周转速度越快，一定量的可变资本在一年中发挥的实际作用越大，产生的年剩余价值就越多。

(三) 资本周转速度对年剩余价值率的影响

预付资本周转速度的快慢，不仅可以影响年剩余价值量的大小，还可以影响年剩余价值率的高低。年剩余价值率指一年内生产的剩余价值总量与预付的可变资本的比率。如果用 M' 表示年剩余价值率，那么年剩余价值率服从如下公式：

$$M' = \frac{M}{V} = \frac{m' \times V \times N}{V} = m' \times n \tag{4.4}$$

于是，在上述例子中，A 和 B 两个工厂的年剩余价值率分别为 200% 和 100%。可见，预付资本周转越快，可变资本周转也越快，所创造的年剩余价值量就越多，年剩余价值率必然提高。所以，年剩余价值率与可变资本周转速度成正比。

年剩余价值率与剩余价值率数量一般不相等，年剩余价值率 M' 通常要高于剩余价值率 m'。因为流动资本一年的周转次数 n 通常要大于 1。只有 $n=1$ 时，M' 与 m' 才相等。它们数量上的不同也反映了它们在性质上的不同。剩余价值率表示资本家对工人的剥削程度。而年剩余价值率则为年剩余价值总量同预付可变资本的比率，表示预付可变资本在一年中的增值程度。

第三节 社会总资本和社会总产品

第一、二节从微观层面考察资本运动、循环和周转，它也可以看作对某个产业的资本循环与周转的考察，因为我们认为企业是产业的典型代表。只有这个分析是不够的，因为任何一个企业、产业都与其他企业、产业发生着各种各样的作用。怎样考察这个作用呢?我们需要提出社会总资本的概念，考察社会总资本的再生产和流通，说明社会总资本运动所要求的比例关系和社会资本再生产的实现条件。

资本主义的生产能力是惊人的，但惊人的生产能力是否能够变成现实，就取决于产品是否能够基本上大量卖出去。如果只假设有一个产业，这个产业的交换关系就无法研究。因为同一部门无需与同一部门做交换。为了分析资本所生产出的大量产品是否能够卖出去，至少要把整个经济分为两个部门。这是最简单的分类方法。由于在社会总产品中既包括用于生产消费的生产资料，又包括用于个人生活消费的生活消费资料。马克思因此把社会生产分为两个部门来进行分析，而且还包括一切商品所共有的价值构成。因此社会总产品具备了研究社会总资本再生产的一切要素。

这个问题在新古典经济学中也非常重要。用它们的术语，这是市场出清、市场一般均衡问题，然而新古典经济学实际上认为，市场一定会出清！新古典经济学盲目乐观了，马克思才真正分析了生产出清的条件。

一、社会总资本和社会总产品

在资本主义社会里，各自在运动、循环和周转中独立发挥资本职能、彼此独立经营和核算的资本，就是单个资本，即单个企业所使用的资本。一个企业可能使用的资本都是属于不同资本家或资本家集团。同一批资本家可以注资成立不同的企业。有的企业规模如此巨大，以至于富可敌国。虽然单个资本彼此独立经营和核算，但它总是要从其他企业购买所需要的生产资料，还要向其他企业、家庭销售产品。资本主义生产是社会化大生产，各个企业之间又存在着分工协作关系。这种互相联系、互相依存的所有单个资本的总和就是社会总资本。它们的运动就形成社会总资本的运动。

所谓社会总产品，指社会各个物质生产部门的劳动者在一定时期内（通常以年为单位）所生产出来的全部物质资料的总和，它也被称为社会总商品资本，它是由一个国家的所有物质生产部门的劳动者共同创造的。社会总产品的价值总和就是社会总产值。

考察社会资本运动，核心问题就是要考察社会总产品的各个组成部分是如何实现的，也就是社会总产品的补偿问题。社会总产品的补偿有价值补偿和实物补偿两个方面。社会总产品的价值补偿，指社会总产品各个组成部分的价值，如何通过全部商品的出售，以货币形式收回预付的不变资本和可变资本的价值，用以补偿生产中预付的不变资本和可变资本的价值，并获得剩余价值。社会总产品的实物补偿，指社会总产品的各个组成部分的价值经销售转化为货币形式后，如何再转化为所需要的产品。

社会总产品的价值补偿和实物补偿问题构成社会资本再生产的核心问题，即社会总产品的实现问题。价值补偿和物质补偿都是社会资本正常运动的基础。只有价值补偿，才能重新购买生产资料和劳动力，才能维持正常再生产。只有物质补偿，上一个生产过程所消耗掉的生产资料和消费资料才能够得到替换。只有社会总产品的各个部分都得到价值补偿和实物补偿，社会总产品才能顺利实现。

与前面章节研究单个资本再生产时重点放在价值补偿方面不同，在研究社会总产品实现时，物质补偿是必须考虑的因素。因为没有使用价值的匹配，价值本身就不可能得到实现。

二、社会总产品的物质构成：社会生产两大部类理论

从物质形态来看，根据我们的需要，可以把社会总产品分为生产资料和消费资料两大类。其中，生产资料的使用价值在于，它是用于补偿生产中消耗掉的生产资料和扩大再生产所需要的生产资料；消费资料的使用价值在于，它是用于满足资本家和工人的个人消费需要。从价值形态来看，社会总产品的价值可分为不变资本（c）、可变资本(v)和剩余价值(m)三个组成部分。其中，c 是旧价值的转移，代表在商品生产过程中消耗掉的预付不变资本；v 和 m 是雇佣工人在商品生产过程中创造出来的新价值，v 用来补偿生产中消耗掉的可变资本，m 用于资本家的个人消费和资本积累。

我们把制造生产资料的部类称为第一部类，用符号“Ⅰ”表示，制造消费资料的部类称为第二部类，用符号“Ⅱ”表示。值得注意的是，这个分类允许生产资料和消费资料两大部类内部都可以包含不同的产品。

社会总产品的实物构成及社会生产分成两大部类，社会总产品的价值由 c、v 和 m 三部分构成，是马克思提出的两大部类理论，是马克思再生产理论的两个基本原理。第四节从简单再生产进行分析。第五节再研究扩大再生产。

第四节 封闭经济中的社会资本简单再生产

从简单再生产开始，社会总资本的实现问题在方法上是比较方便的。简单再生产就是生产规模和生产结构不变的再生产，对简单再生产的研究能够帮助说明社会总资本实现的基本条件。只要把简单再生产条件下社会总产品的实现问题分析清楚，扩大再生产的实现问题就迎刃而解了。

为了便于从本质上考察社会资本简单再生产的实现条件，我们需要运用抽象方法排除一些次要的、非本质的因素。为此，我们假设这样一个经济：

（1）假设考察的是纯粹的资本主义经济，即整个社会只有资本家和雇佣工人两个阶级（没有地主阶级）；

（2）假设生产周期为 1 年，不变资本价值全部转移到新产品中去；

（3）假设全部商品都按与价值数量相等的价格出售，即价格和价值之间的比例是1∶1；

（4）假设价值不发生变动，这意味着商品价格也不发生变化；

（5）假设没有对外经济关系，全部社会产品都要在国内得到补偿和实现；

（6）假设剩余价值率为 100%；

（7）假设这个经济只有生产资料生产部门（使用 4000 单位的固定资本和 1000 单位的可变资本）和生活资料生产部门（使用 2000 单位的固定资本和 500 单位的可变资本）。

于是，这个经济可以表示为如下模型：

$$\left.\begin{array}{l}\text{Ⅰ}\,4000c + 1000v + 1000m = 6000 \\ \text{Ⅱ}\,2000c + 500v + 500m = 3000\end{array}\right\} 9000$$

一、社会资本简单再生产的实现

在上面的模型中，全年社会总产品价值为9000。其中，第一部类生产资料总产品价值为6000，包括不变资本价值4000、可变资本价值1000和剩余价值1000，全部产品实物形式都是生产资料；第二部类消费资料产品价值为3000，包括不变资本价值2000，可变资本价值500和剩余价值500，全部产品实物形式却既有2000单位的生产资料，又有1000单位的消费资料。

为了使第二年的社会资本简单再生产继续进行，这两大部类的产品包括它的各个组成部分都必须得到实现，即都必须实现价值补偿和实物替换。这个实现过程主要需要有三个方面的交换，示意如下：

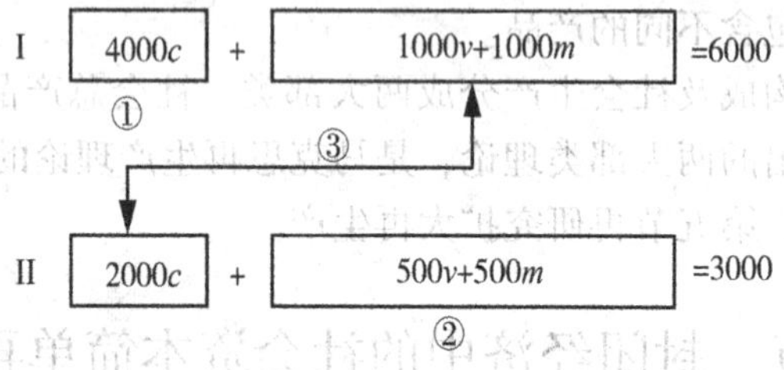

首先，第一部类内部各部门各企业之间的交换。第一部类中的4000c，在实物上是由各种生产资料构成的，在价值上它代表本部类已消耗的不变资本价值。为了维持简单再生产，生产中消耗了的4000c必须用新的生产资料来补偿，而这4000c在实物形态上就是由生产资料构成的。因此，这部分产品的价值补偿和实物替换，可通过第一部类内部各企业各行业部门间的交换实现。

其次，第二部类内部各企业各部门之间的交换。第二部类中所生产的产品500v+500m产品，在实物上是由各种消费资料构成的，在价值上代表本部类工人和资本家个人消费的可变资本价值和剩余价值。由于是简单再生产，资本家必须把500m的剩余价值消耗掉，工人消耗掉等于自己的工资的消费资料。为了维持简单再生产条件下的工人和资本家的个人消费需要，它必须用消费资料来补偿，而这500v+500m的实物形态正好是消费资料，因此，这部分产品同样可以通过第二部类的工人和资本家购买本部类的各种消费品而得到实现。

最后，两大部类之间的交换。通过在上述两个内部方面的交换之后，第一部类还剩下1000v+1000m的产品，这部分产品在价值上代表本部类的可变资本和剩余价值，它是用于第一部类的工人和资本家个人生活消费的消费基金。但这部分产品在实物形态上是生产资料，不能直接用于生活消费，只有与第二部类的消费资料相交换才能实现。同时，第二部类剩下的2000c的产品，实物形态是消费资料，无法替换第二部类已经消耗掉的生产资料，在价值上代表第二部类的不变资本，实物形态却是消费资料，无法替换第二部类已经消耗掉的生产资料，只有与第一部类的生产资料相交换才能实现。

可以看到，如果两个部类之间生产的数据比例失调，如果①②③中任何一个不能实现，社会生产就无法维系。只有①②③全部实现，社会资本才能在价值上得到补偿，在实物上得到替换，简单再生产才能继续进行。

二、社会资本简单再生产的部门实现条件

把上面的数字抽象掉，再把部类内部的交换抽象掉，那么，从上述社会总产品的实现过程可以看出，实现社会资本简单再生产的基本条件就是，第一部类的可变资本和剩余价值之和必须等于第二部类的不变资本价值。用公式表示是：

$$\text{I}(v+m)=\text{II}c$$

这是实现社会资本简单再生产的基本条件。在等式左边，从价值方面看，$\text{I}(v+m)$ 是第Ⅰ部类所生产出来的产品，它构成对第Ⅱ部类提出的对消费资料的有支付能力的需求。而从实物方面来看，它是向第Ⅱ部类提供的生产资料的供给。

在等式右边，从价值方面看，$\text{II}c$ 是第Ⅱ部类所生产出来的产品，它构成对第Ⅰ部类的生产资料的有支付能力的需求。而从实物方面来看，则是向第Ⅰ部类提出的对消费资料的供给。

这个条件表明，在社会资本简单再生产条件下，社会生产两大部类之间存在着互为条件、互相依存、互相制约的内在联系，即第Ⅰ部类生产资料的生产和第Ⅱ部类对生产资料的需求之间，第Ⅱ部类消费资料的生产和第Ⅰ部类对消费资料的需求之间，在使用价值和价值两方面都必须保持一定的比例关系，这种关系不仅是一种数量上的关系，而且是一种结构关系。

从 $\text{I}(v+m)=\text{II}c$ 这个公式可引申出以下两个公式：

第一，$\text{I}(c+v+m)=\text{I}c+\text{II}c$，即第一部类全部产品的价值，应该等于两大部类的不变资本的总和。这表明第一部类生产的生产资料应同两大部类对生产资料的需求保持相等关系。如果 $\text{I}(c+v+m)$ 大于或小于 $\text{I}c+\text{II}c$，则表明第一部类的生产已经过多或不足了。

第二，$\text{II}(c+v+m)=\text{I}(v+m)+\text{II}(v+m)$，即第二部类的总产品的价值，应该等于两大部类的可变资本和剩余价值的总和。这表明第二部类生产的生活资料，应与两大部类工人和资本家的消费基金保持相等关系。如果 $\text{II}(c+v+m)$ 大于或小于 $\text{I}(v+m)+\text{II}(v+m)$，则表明第二部类生产的生活资料就已经过剩或者不足。那么，社会资本简单再生产就不能顺利进行。

以上三个公式，分别从不同角度揭示了简单再生产条件下社会生产和社会流通之间的内在联系，表明了两大部类之间必须保持的基本比例和平衡关系。其中，$\text{I}(v+m)=\text{II}c$ 是反映两大部类之间相互交换的平衡条件。具备了这个条件，其他两个条件也自然具备。$\text{I}(c+v+m)=\text{I}c+\text{II}c$ 和 $\text{II}(c+v+m)=\text{I}(v+m)+\text{II}(v+m)$ 则分别从生产资料和消费资料的角度阐释供给和需求的关系。

特别值得指出的是，上述两大部类的分析方法向我们证明，如果我们把市场理解为交换，那么，上述两大部类构成的经济一定是市场经济。

第五节 封闭经济中的社会资本的扩大再生产

一、社会资本扩大再生产的前提条件

资本主义社会再生产是社会总资本的扩大再生产，它又分为内涵性扩大再生产和外延性扩大再生产两种类型。所谓外延性扩大再生产，就是有资本积累作为追加的不变资本（生产资料）和追加的可变资本（劳动力）投入生产。这里我们将以资本积累为前提的外延性扩大再生产作为考察对象。内涵性扩大再生产通常意味着在更新科学技术、更新劳动技能条件下的扩大再生产使资本主义生产关系再次焕发出光彩。从政治经济学的角度看，这是暂时性现象。① 因此，政治经济学从资本主义生产关系的本性的角度来研究扩大再生产。这样，就只需要研究外延性的扩大再生产了。这相当于在一种给定科学技术水平和劳动技能水平下研究资本主义再生产。科学技术水平和劳动技能的每一次提高后，都会开始一轮信贷外延性扩大再生产。

首先，为了获得追加的生产资料，第一部类一年中所生产的全部生产资料，除了维持两大部类简单再生产所需要的生产资料以外，还必须有一个余额，用以满足两大部类扩大再生产对追加生产资料的需要。用公式表示就是：

$$\text{I}(c+v+m) > \text{I}c + \text{II}c$$

两边消去 Ic，得到：

$$\text{I}(v+m) > \text{II}c \tag{4.5}$$

它表明，第一部类中代表可变资本和剩余价值的产品之和，其价值大于第二部类所消费的不变资本价值。

其次，为了获得追加的消费资料，第二部类一年中所生产的全部消费资料，除了满足两大部类进行简单再生产过程中的工人和资本家所需要的消费资料以外，也必须有一个余额，用以满足两大部类扩大再生产对追加消费资料的需要。如果用 $\frac{m}{x}$ 表示剩余价值中供资本家个人消费的部分，$m-\frac{m}{x}$ 就表示剩余价值中供积累用的部分，用公式表示：

$$\text{II}(c+v+m) > \text{I}\left(v+\frac{m}{x}\right) + \text{II}\left(v+\frac{m}{x}\right)$$

两边减去 $\text{II}\left(\frac{m}{x}\right)$ Ic，得到：

$$\text{II}\left(c+m-\frac{m}{x}\right) > \text{I}\left(v+\frac{m}{x}\right) \tag{4.6}$$

它表明表示，第二部类的不变资本与用于积累的剩余价值之和，必须大于第一部类的可变资本与供资本家个人消费的剩余价值之和。

---

① 从实现经济增长的角度看，这个现象是非常值得重视的。

以上两个公式就是封闭经济条件下社会资本扩大再生产的必要条件。它们说明，只有在生产资料和消费资料两大部类简单再生产之后还有剩余，社会资本扩大再生产才有可能。值得指出的是，在封闭经济中，一个社会要产生剩余才能扩大再生产。在开放经济中，一个发达经济通过对外掠夺也能扩大再生产。而一个落后经济即使有经济剩余，也可能因为被发达经济掠夺走，从而扩大再生产所需要的经济剩余即使生产出来，也无法扩大自己的再生产。经济落后国家的扩大再生产会导致经济发达国家至少部分失去原材料来源和产品倾销地。因此，经济发达国家会采取一切可能的包括武力在内的办法来阻碍经济落后国家的扩大再生产。而落后国家为了进行扩大再生产，就必须首先进行民主主义革命。

二、社会资本扩大再生产的实现过程：一个数字例子

为了进行扩大再生产，必须从社会总产品中提供追加的生产资料和消费资料。那么，这个扩大再生产是如何实现的呢？要使扩大再生产变为现实，还必须使社会总产品在各部类内部和两大部类之间的交换在价值和实物形式上相互适应，使社会总产品各个组成部分全部得到实现。这要考察社会资本扩大再生产的实现过程和实现条件。

根据扩大再生产两个前提条件的要求，我们可以如马克思那样考察如下经济模型：

$$\left.\begin{array}{l}\text{I}\ 4000c+1000v+1000m=6000\\ \text{II}\ 1500c+750v+750m=3000\end{array}\right\}9000$$

在这个模型中，Ⅰ（$1000v+1000m$）>Ⅱ $1500c$。它符合Ⅰ（$v+m$）>Ⅱc 的扩大再生产的前提条件。

实现扩大再生产要求把社会总产品 9000 按照用途重新进行资源、价值配置、组合。假定第一部类的资本家把剩余价值 1000 中的一半即 500 用作追加的资本，另一半 500 用作资本家个人消费。又假定第一部类的资本有机构成仍为4∶1，因而追加资本 500 按照 4∶1的比例转化为追加的不变资本 $400\Delta c$ 和追加的可变资本 $100\Delta v$。在这样的配置下，第一部类部产品的价值重新组合为：

$$\text{I}\ (4000c+400\Delta c)+(1000v+100\Delta v)+500\frac{m}{x}=6000$$

即：

$$\text{I}\ 4400c+1100v+500\frac{m}{x}=6000$$

重新组合后第一部类的社会总产品中，不变资本 $4400c$ 是用于维持和扩大第一部类再生产的生产资料的价值，它的实物形态就是生产资料，因而这部分产品可通过本部类内部的交换得到实现。剩下的可变资本和剩余价值之和 $1600\left(1100v+500\frac{m}{x}\right)$，是第一部类工人和资本家用于个人消费的价值，但它在实物形态上依然是生产资料。因此，这部分产品只有与第二部类的消费资料进行交换才能实现。同时，只有通过这个交换，才能使第二部类消耗掉的生产资料得到补偿。

第二部类需要在实物上替换的不变资本价值只有 1500，比第一部类需要与之交换的 1600 少 100。因此，第二部类资本家必须从剩余价值的 750 中提取 100，用作追加的不变

资本。假定第二部类的资本有机构成仍为2：1，则必须再从剩余价值中提取50用作追加的可变资本，从而使第二部类的生产规模也相应地扩大。这样，第二部类的全部产品按照扩大再生产的用途就重新组合如下：

$$\text{Ⅱ}\ (1500c + 100\Delta c) + (750v + 50\Delta v) + 600\frac{m}{x} = 3000$$

整理该式，得到：

$$\text{Ⅱ}\ 1600c + 800v + 600\frac{m}{x} = 3000$$

重新组合的第二部类的社会总产品中，$800v + 600m$ 的可变资本和剩余价值是用于第二部类工人和资本家的消费资料的价值，它在实物形态上是消费资料，因而这部分产品可通过第二部类内部的交换得到实现。剩下的 $1600c$ 在价值上代表着第二部类已经消耗掉的和追加的生产资料，它在实物形态上是消费资料。这部分产品只有通过与第一部类的生产资料产品进行交换才能实现。

因此，社会资本扩大再生产的实现过程，也同简单再生产的情况一样，是通过三方面的交换而实现的：（1）第一部类 $4400c$ 可通过本部类内部的交换得到实现；（2）第二部类的 $800v + 600m$ 可通过本部类内部交换得到实现；（3）第一部类的 $1100v + 500m$ 和第二部类的 $1600c$ 可通过两大部类之间的相互交换得到实现。

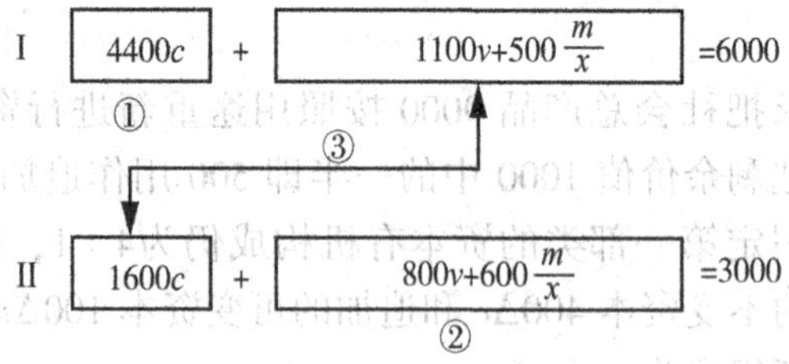

通过上述三个方面的交换，社会总产品得到全部实现，下一年的社会资本扩大再生产就能够进行。在下一年的扩大再生产中，如果假设剩余价值率仍为100%，那么，第二年生产出来的社会总产品的价值构成是：

$$\left.\begin{aligned}&\text{Ⅰ}\ 4400c+1100v+1100m=6600\\&\text{Ⅱ}\ 1600c+800v+800m=3200\end{aligned}\right\}9800$$

这样，社会资本再生产的规模就从9000扩大到9800，实现了社会总产品的扩大。以后各年生产的扩大和社会总产品的实现情况，都可以按照上面的方法类推。

三、社会资本扩大再生产的实现条件：代数分析

上述数字例子揭示出社会资本扩大再生产的实现条件，即第一部类原有的可变资本价值，加上追加的可变资本价值，再加上本部类资本家用于个人消费的剩余价值，三者之和应当等于第二部类原有的不变资本价值和追加的不变资本价值之和。这个结论具有一般性，可以用如下公式表示：

$$\text{I}\left(v+\Delta v+\frac{m}{x}\right)=\text{II}(c+\Delta c) \tag{4.7}$$

从社会资本扩大再生产的这个基本实现条件，可以引申出如下两个实现条件：

（1）第一部类全部产品的价值，必须等于两大部类原有的不变资本价值和追加的不变资本价值之和。它反映了第Ⅰ部类的生产必须同两大部类生产资料补偿需求和追加需求相适应。用公式表示就是：

$$\text{I}(c+v+m)=\text{I}(c+\Delta c)+\text{II}(c+\Delta c)$$

（2）第二部类全部产品的价值，必须等于两大部类原有的可变资本价值、追加的可变资本价值与以及资本家用于个人消费的剩余价值之和。它反映了第Ⅱ部类的生产必须同两部类原有工人、资本家和追加工人对消费资料的需求相适应。用公式表示就是：

$$\text{II}(c+v+m)=\text{I}(v+\Delta v+m/x)+\text{II}(v+\Delta v+m/x)$$

社会资本扩大再生产的实现条件，反映了社会生产和社会消费之间的密切联系：第一部类积累和扩大再生产的规模决定第二部类的积累和扩大再生产的规模；第二部类积累和扩大再生产又对第一部类的扩大再生产起制约作用。也就是说，只有社会生产的两大部类之间和各部类的内部，以及积累基金和消费基金之间都保持适当的比例关系，社会资本的扩大再生产才能顺利进行。当这些比例无法满足时，就必然产生矛盾。这时，首先必然出现国内某个行业的供过于求。这种状况的解决既可能是国内资本的破坏，也可能是危机的国际转嫁。

四、生产资料生产优先增长的规律

上面对外延性社会资本扩大再生产实现的分析假设生产技术没有进步从而资本有机构成不变。在这种情况下，如果第一部类的积累率不变，那么，两大部类的生产规模将以同样的速度增长。在实际中，技术进步在资本主义社会中经常出现，这使得资本的种类不断更新，单位劳动力所支配的固定资本越来越多。因此，扩大再生产必然伴随着技术进步和资本有机构成不断提高，这时社会对生产资料需求的增长必然快于对劳动力和生活资料需求的增长。而且，由于第一部类的技术进步和资本有机构成提高的速度通常要高于第二部类，这就要求第一部类为本部类制造生产资料的生产快于为第二部类制造生产资料的生产。列宁把它表述为生产资料优先增长的规律：增长最快的是制造生产资料的生产资料的生产，其次是制造消费资料的生产资料的生产，最慢的是消费资料的生产。①

技术进步和资本有机构成的提高要求第一部类的生产更快增长。这是因为，在资本有机构成提高以后，由剩余价值转化而来的追加资本中，转化为不变资本的比重必然越来越大，转化为可变资本的比重越来越小。同时，在原有预付固定资本更新时，也要求使用更先进的生产设备，从而资本有机构成提高。这样，社会对生产资料需求的增长，必然快于对劳动力及对生活资料需求的增长，其结果会促进第一部类更快增长。

生产资料生产优先增长，不意味生产资料生产可以脱离消费资料生产而孤立地增长，

---

① 中共中央马克思恩格斯列宁斯大林著作编译局：《列宁全集》（第一卷），人民出版社 1984 年版，第 67~68 页。

更不意味着生产资料生产比消费资料生产增长得越快越好。因为，生产资料生产的增长，最终将依赖于或受制于消费资料生产的增长。这体现在：（1）第一部类扩大再生产所追加的劳动力对消费资料的需要，要依靠第二部类生产的增长来提供。（2）第一部类为第二部类制造的生产资料的种类和数量直接取决于第二部类生产的要求。（3）第一部类为本部类制造生产资料的生产，最终也受第二部类生产发展的制约，最终是为了给第二部类提供更多的生产资料，以生产更多的产品。因此，生产资料生产的优先增长也意味着农业和轻工业的相应增长。但在有的情况（如新建立的社会主义国家为了捍卫自己的主权和领土完整）下，把它表述为重工业优先增长是可以的。因为如果没有装备产业的发展，许多其他生产都无法进行，许多重大的社会需求就无法满足。比如，如果没有重工业的增长，就不可能让农业和轻工业取得应有的增长。它们之间究竟处于怎样的关系是社会管理的重大问题。

生产资料优先增长也不总是意味着第一部类生产时时刻刻都高于第二部类生产的增长。在现实经济中，生产资料生产和消费资料生产每年的相对增长速度没有一个不变的最优值。这个最优值是由各国具体的历史条件、技术条件和经济条件决定的，一般并不易获得，也无需获得。在和平时期，人们较容易对消费品的短缺做出反应，而不易看到生产资料增长的必要性。而如果一个国家过于看重消费品产业增长，当发生战争时，就会非常被动。

在社会主义国家，对生产资料的增长速度的规划只需要一个大致的估计就可以了。当对生产资料的部门的增长速度安排得过高时，很快就会在产品供给、价格等方面表现出来，这时，只需要快速地做出一些调整就可以了。

复习思考题

1. 产业资本循环经历了哪些阶段和采取了哪些职能形式？
2. 实现资本连续循环的基本条件是什么？
3. 划分固定资本和流动资本的依据是什么？
4. 固定资本和流动资本的划分，同不变资本和可变资本的划分有什么不同？
5. 影响资本周转速度的因素有哪些？
6. 资本周转速度对剩余价值生产有什么影响？
7. 社会资本简单再生产的实现过程和实现条件是什么？
8. 社会资本扩大再生产的前提条件和实现条件是什么？
9. 怎样正确理解生产资料生产的优先增长？
10. 资本和企业是什么关系？私人资本和私人企业是什么关系？

第五章　平均利润和生产价格

前面几章阐述了资本主义的生产过程和流通过程，揭示了资本本质及其运动规律。本章和下一章，我们分别考察资本主义生产总过程的一些基本数字特征和资本、剩余价值所采取的其他各种形式。本章在阐述剩余价值如何转化为利润，利润又怎样转化为平均利润，以及相应的价值怎样转化为生产价格的基础上，着重阐明资本主义利润率递减规律。这是资本主义的一个基本数字特征。下一章将通过对各种资本具体形式的分析，揭示出更多社会表面上所呈现出的经济现象和人们的经济关系。

第一节　生产成本和利润

在政治经济学中，剩余价值是比利润更为基础的概念，而利润又是比平均利润、利息、股息、某些工资更为基础的概念。为了弄清利润概念，需要首先弄清生产成本概念。

一、生产成本

商品价值等于生产商品所耗费的不变资本（c）、可变资本（v）和剩余价值（m）之和。生产商品所耗费的不变资本一般等于生产商品所使用的不变资本的折旧，折旧率在10%左右。折旧不可能增加商品价值，而只是相应的不变资本价值向新产品逐渐转移。不变资本折旧后的余值部分也不能增加商品价值。简单来说，不变资本都不会创造出新的价值来，这是因为价值是用劳动时间来衡量的。不变资本，无论是机器、设备还是种子，本身都不可能创造出新的劳动时间，因此，都不会创造出新的价值。只有可变资本才能创造出新的价值，才可能是剩余价值的源泉。

可变资本和不变资本的区分是在价值理论揭示资本家赚钱秘密基础上进一步分析资本家赚钱方法的需要。既然资本家的目的是赚钱（西方经济学称之为理性），赚钱方法当然十分重要了。如果资本家所投入的资本价值给他带来了更多的价值、金钱，他当然要做出那样的选择（这里是优化思维，而不是最优化思维）。马克思把资本家所使用的机器、设备、原材料作为不变资本，把资本家支付给工人的工资作为可变资本，把商品的价值定义为它所包含的社会必要劳动时间，这样，剩余价值的数值就决定了。而可变资本与所消耗的不变资本之和 $c+v$ 就可以定义为生产成本，商品的剩余价值也就可以定义为商品价值减去商品的生产成本，即：

$$m=v-k$$

反过来，商品的价值也就定于生产成本 k 与余额 m 之和了。如果用 k 代表生产成本，商品的价值决定公式就变成了 $v=k+m$。注意，我们这里的讨论没有考虑未消耗的不变资本可能产生的利息成本。马克思主义不认为利息是成本，而认为利息是剩余价值的分割。如果把利息看作需要支付的，那么，这里的生产成本就要加上利息成本。西方经济学的成本概念就是这样处理的。

在资本主义商品生产中，资本家作为实际商品生产者，把生产资料和劳动力作为资本投入生产过程，进行商品生产。工人进入生产过程仿佛是等同于资本的要素，实际不然。对他们劳动耗费的一部分，即等于 m 的部分，资本家并不支付工资。因此，它们是无酬、无偿劳动（用西方经济学的术语来说就是，边际产品价值大于 0，而工人得到的工资等于 0）。所以，资本家的实际耗费只有 $c+v$。在他们眼里，商品的生产成本就是商品生产的实际耗费。从社会的角度看，m 也构成这个产品的成本，因为劳动者为此付出了劳动。因此，如果经济学只把 k 看作成本，那就是基于资本家的角度来看问题，是资本主义生产关系在经济学上的反映了。

精明的资本家都善于降低单位产品的成本，即所谓平均成本。这有几种方法：

（1）同时降低不变资本和可变资本。这一般适用于多元经营的企业。当一个企业家被寄予厚望时，他最快的办法就是降低成本。这可以通过关闭一些部门、出售一些业务、聚焦主营的或盈利高的业务做到。降低可变成本一般意味着解雇工人。

（2）不变资本不变，提高可变资本。福特的效率工资制就是这样做的。因为高工资可能改进劳动纪律，从而提高劳动生产率。

（3）提高不变资本，降低可变资本。当资本家节约可变资本时，往往是通过投入不变资本来获得的。这是用资本替代劳动的过程。

（4）提高不变资本和可变资本。福特发明并采用生产线就同时提高了不变资本和可变资本，但它可以降低成本。这里有多种机制（如规模经济、改进分工等）。

资本家如果不能最有效地赚钱，可能最终甚至连赚钱也做不到了。生产同种商品的企业，由于生产技术水平、经营管理水平和对工人的剥削程度不同，单位产品的生产成本就不相同。生产成本低的企业就可以以高于生产成本而低于价值的价格出售商品，这样，就可以扩大自己的市场份额和利润（率），从而在竞争中取得优势，存活下去，发展起来。每个资本家都有想方设法降低自己商品生产成本的冲动。至于是否做到，是另一回事。

西方经济学提供了另外一种成本分析方法：固定成本和流动成本。固定成本是一旦投入后，其数量不随产量变动而变动的成本，而流动成本是随着产量变动而变动的成本。通常固定成本是指投在机器、设备、厂房上的成本，而流动成本指投在原材料、辅助材料、燃料、劳动力上的成本。这是一种形而上学的分类，甚至有点儿名不副实。因为机器在使用后虽然还保持其外观不变，但既可能在一开始通过磨合变得更有效率，也可能在随后发生有形和无形的折旧，也就是说，固定成本实际上是不固定的。这个理解至关重要，因为它关系到边际成本的计算。而边际成本又往往是西方经济学中定价的依据。这种分析方法把由劳动力构成的可变资本和由原材料等生产资料构成的不变资本混在一起，记在流动资本项目下，使得资本的不同部分在价值形成和价值增值过程中的不同作用变得模糊了，剩余价值的真正来源也看不清了。从政治经济学的角度看，这不是一种科学的分类和分析方法。

二、剩余价值转化为利润

从科学的角度看，商品的价值由 $c+v+m$ 三部分构成，其中，m 是由 v 利用 c 生产的。而从资本家的角度看，m 的产生是他投入了 c 和 v 后产生的增加额。于是，生产成本—利润这一对对立范畴就在资本家那里诞生了。在资本家那里，政治经济学视为只能由劳动所创造的剩余价值就变成了由不变资本和劳动共同创造的利润了。全部预付资本，不管是劳动资料（固定资本），还是原材料和劳动力（流动资本），都要投入生产过程中使用。那些未曾耗费的资本，即固定资本中未曾磨损的价值部分，虽然不构成商品的生产成本，但由于它们作为物质要素同样参加了商品的生产过程，因此，它们也就都被看作全部参加了剩余价值生产过程。这样一来，剩余价值也就表现为全部预付资本的产物了。当剩余价值不是表现为可变资本的产物，而是表现为全部预付资本的产物时，它就取得了利润形态，即转化成了利润。如果以 P 表示利润，则商品价值的构成公式 $w=c+v+m$、$w=k+m$ 进一步变成了 $w=k+P$。而且，利润这个概念和这个公式特别符合直觉，以至于无论在资本主义社会还是在社会主义社会都非常流行。中国有马克思主义经济学家甚至强调，公有制企业也要利润挂帅，这种观点在现实中会造成巨大的问题。

利润和剩余价值在数量上是相同的，但在所反映的经济关系上、逻辑关系上是不同的：剩余价值是对可变资本而言的，而利润则是对全部预付资本而言的，在外表上表现为整个预付资本的产物。剩余价值转化为利润以后，剩余价值是如何产生的便模糊不清了。它的来源变得神秘化了，似乎是由资本自行生出来的。商品的价值等于生产成本加上利润。但实际上，剩余价值才是利润的本质，利润是剩余价值的转化形式或现象形态。

使剩余价值产生的原因变得更加模糊不清的因素是：劳动力价值采取了工资形式。这样一来，仿佛工人的全部劳动都得到了报酬。这样，剩余价值、利润被归于资本家就理所当然了。但这所有的理所当然、正义、公平无法解释资本主义的经济危机，无法解释无产阶级虽然极度辛苦却极端贫穷的事实。而要同时解释工人阶级的辛苦和贫穷，同时解释资本主义的经济危机，只有把新价值的源泉归结为劳动。

曾有观点认为，利润来源于流通过程，来自于“贱买贵卖”。这对于个人赚钱是对的，但从整个社会来看，出卖商品本身不会产生新的价值，而只是使用价值在不同人之间的转移。因为出卖商品本身几乎没有劳动时间的耗费，或者说，出卖商品所耗费的劳动与整个社会生产所耗费的劳动相比是很小的。因此，商业部门不可能用于解释利润来源。出卖商品只是劳动者所创造出的价值的实现，即得到社会认可的证明。一件产品只要有一个买者，就证明生产这件产品的劳动转化为社会的了。但这不能证明，利润来源于流通过程。利润的本质是剩余价值，它的来源仍然是且只能是工人的剩余劳动。

三、剩余价值率转化为利润率

剩余价值转化为利润后，便不再与可变资本相联系，而被看成了全部预付资本（包括折旧的和未折旧的）的产物。这样，利润与全部预付资本之间便有一个比率，这个比率就是利润率。利润率是剩余价值率的转化形式。剩余价值转化为利润与剩余价值率转化为利润率有密切联系。如果以P'代表利润率，以C代表预付总资本，则利润率公式可以表示为：

$$P' \equiv m/C \tag{5.1}$$

其中，我们用≡表示用它右边的表达式来定义前面的变量的计算公式，或者简单地说，≡就表示一种定义关系。请注意，由于这里C代表包含了未折旧资本的预付总资本，如果我们把折旧率记为λ，那么，对前面的c，我们就有$c=\lambda C$。不难看出，剩余价值率和利润率只是同一个剩余价值的不同计算方法，但由于剩余价值率是剩余价值同可变资本的比率，利润率是剩余价值(利润)同总资本的比率，因此，二者在量上必然会有差别。$c+v$总是大于v，所以P'总是小于m'。例如，总资本10000元，其中，$c=8000$元，$v=2000$元，$m=2000$元，则$m'=2000/2000=100\%$。如果$\lambda=1$，那么，$P'=20\%=2000/8000+2000$。如果$\lambda<1$，那么，$P'<20\%$。

实际上，我们还可以定义另一种利润率，即：

$$\rho \equiv m/(\lambda C+v) \tag{5.2}$$

马克思既用过式（5.1），也用过式（5.2）。在马克思的时代，不变资本数量很小，折旧也很迅速，这使得λ趋近于1。所以，马克思认为这两个定义差别不大。在今天的时代，一般而言，$\lambda\approx 10\%$，而且不变资本的数量可能是惊人的，由式5.2）和式（5.1）所定义的利润率差别就大了。很显然，由式（5.2）所定义的利润率比由式（5.1）所定义的利润率要大很多。本书自此以下一般基于式（5.2）来使用利润率的概念，除非另有说明。①

利润率与剩余价值率不仅有量上的差别，二者所表示的经济关系也不同：剩余价值率表示的是资本家对工人的剥削程度，利润率表示的是预付总资本的增值程度。在利润率这个范畴上，资本对雇佣劳动的榨取、剥削看不见了，被模糊了，而表现为资本自身增值的关系，剩余价值的来源神秘化了，似乎是资本自身的本性就能使自已增值。资本家为了赚钱，总是要考虑自已付出的一切成本。没有损耗的物质资本也会耗费资本家的利息。因此，资本家考虑利润率也是有他自己的道理的。一般而言，高利润率是每个资本家所经常关心和尽力追求的东西。利润率越高，资本家越要去追求；利润率足够高，资本家就会冒践踏法律和丧失生命的危险。

利润率的高低是受多种因素影响的，它比影响剩余价值率的因素要多得多。$P'=m/(c+v)$，$m=m'\cdot v$，所以，$P'=m'v/(c+v)$。从这个公式中可以看到影响利润率的因素。

第一，利润率与剩余价值率成正比例关系。一切影响剩余价值率的因素，如提高劳动强度、延长工作日、压低工人工资等，都是影响利润率的因素。例如，总资本10000元，其中，$c=8000$元，$v=2000$元。如果$m'=100\%$，则$P'=20\%$；如果$m'=200\%$，则$P'=40\%$。

---

① 对这两个利润率定义的一种说明，参见王小平、朱建成：《关于〈资本论〉中利润率的计算问题》，《临沂师专学报》（社会科学版），1987年第4期。

第二，利润率还受资本有机构成的影响。在可变资本量和剩余价值率一定时，利润率与资本有机构成按相反方向变化，即资本有机构成越高，利润率就越低，因为可变资本相对减少，在剩余价值率一定时，剩余价值量减少；反之，则相反。例如，总资本 10000 元，如果 $c:v=8000:2000$，即 4∶1，当 $m'=100\%$时，则 $P'=20\%$；如果 $c:v=5000:5000$，即 1∶1，剩余价值率不变，则 $P'=50\%$。但是，这里要特别注意以下两点：（1）利润率与资本有机构成并不是以相同的幅度按反比例关系变化的。如上例，资本有机构成从 4∶1 降为 1∶1，而利润率只是从 20%提高到 50%；（2）这是就一个部门作为一个整体而言的，在一个部门内的各个企业中就不是这样的，资本有机构成高、技术先进的企业可以获得超额利润，因为它的个别价值低于社会价值，可以获得较多的剩余价值。

第三，资本周转速度快慢也影响利润率高低。在其他条件不变的情况下，年利润率与资本周转次数成正比，与资本周转时间成反比，这是因为，资本周转速度越快，一年内发挥作用的可变资本就越多，年剩余价值量也就越大，因而年利润率也就越高；反之，则相反。

第四，不变资本数量也会影响利润率。在剩余价值量和剩余价值率一定时，不变资本越小，即分母越小，则比值越大，即利润率越高；反之，则越低。需要指出的是，不变资本并不是利润的来源，它的变化只是改变利润率的一个手段。它的变化之所以会使利润率变化，只是由于一个同等量的剩余价值与一个随之变化了的预付资本量相比，从而使得其比率即利润率变化了。对资本主义的命运而言，这条性质是至关重要的。因为资本主义不变资本有不断增加的趋势，而且增加的速度超过了可变资本增加的速度，因此，资本主义的利润率的趋势是下降的。而一定的利润率是资本主义存在和正常运转的先决条件。马克思正是据此认为，资本主义必然周期性地发生经济危机，从而表现出内在的不可克服的只有通过转变为社会主义才能解决的矛盾。详见本章第四节分析。

在资本主义发展的历史进程中，不变资本既有增大的趋势，也有节约的大量实践。这有以下几种情况：

（1）劳动过程的社会结合引起不变资本节约。在大企业中，社会化劳动可以大量节约生产资料，如厂房、机器、设备投资。

（2）节省既定不变资本下的货币开支，如充分利用厂房、机器设备，从而相对节约了不变资本，使利润率提高。

（3）减少必要的劳动保护和改善劳动条件方面的开支，把这些开支压到最低限度。对于资本家获得利润的目的而言，劳动保护和改善劳动条件可能都是成本浪费。因此，资本主义历史上发生了数不清的致残、致死和减少工人寿命的事件。

（4）原材料价格也会影响利润率。在其他条件不变的情况下，利润率与原材料价格成反比。原材料是不变资本，它的价格提高就意味着不变资本增大，从而利润率降低；反之，则相反。因此，资本家一方面大力减少原材料的使用，另一方面尽力需求廉价的原材料来源（甚至用瓜分其他国家的办法，见本书第八章）。

第二节　利润转化为平均利润

一、部门间的竞争和平均利润率的形成

在现代资本主义社会中，不同生产部门的产品性质和技术水平不同，资本有机构成和资本周转速度也各不相同。不同生产部门即使剩余价值率相同，由于资本有机构成和资本周转速度不同，利润率也会不同。其他情况不变时，资本的有机构成高的部门利润率低，反之则相反；资本周转速度快的部门利润率高，反之也相反。一般资本有机构成高的部门资本周转速度就越慢，反之则越快。这意味着一般而言，资本有机构成高的部门利润率通常较低。

假定社会上有三个生产部门，假设这三个生产部门总资本相同，资本的有机构成各不相同，分别为7∶3，4∶1，9∶1。假如剩余价值率相同，都是100%，而且商品按照劳动价值来定价，那么它们的利润率就不同了。如表5.1所示。在其中，我们假定资本价值c在一次生产过程中全部转移到新产品中去。这也相当于我们这里的c指的是折旧。

表5.1　生产部门相同预付资本数量、相同剩余价值率但有机构成不同下的利润率

生产部门	资本	剩余价值率	剩余价值	商品价值	利润率
Ⅰ. 食品部门	$70c+30v$	100%	30	130	30%
Ⅱ. 纺织部门	$80c+20v$	100%	20	120	20%
Ⅲ. 机器制造部门	$90c+10v$	100%	10	110	10%

表5.1表明，三个部门中，食品部门利润率最高，纺织部门利润率居中，机器制造部门利润率最低。这个结果同竞争的性质是矛盾的，因为资本是逐利的。利润表现为总预付资本的产物，只要预付总资本量相同，不管投入哪一个部门，不管资本有机构成怎样，都应该得到等量利润，即等量资本获得等量利润。这才符合竞争的性质。否则，在竞争的作用中，资本就会从低利润率部门向高利润率部门流动，直到三个部门利润率相等。这意味着：资本有机构成不同但使用等量资本进行生产的部门，如果按价值出售产品，所获得的利润就不一样；各个生产部门如果获得相等的利润，商品就不应按价值出售。如何解决这个矛盾呢？到底是价值决定价格规律具有优先性，还是等量资本获得等量利润规律具有优先性呢？

在竞争起主导作用时，等量资本获得等量利润的规律具有优先性。竞争会驱使资本在部门之间进行转移。这有两种形式：要么是原有资本从利润率低的部门转入利润率高的部门，要么是有新的资本投入利润率高的部门。具体过程是这样的：按照我们前面的例子，食品部门有机构成低，利润率就高；机器制造部门有机构成高，利润率就低；同样都投入了100个单位的资本，前者获得了30个单位的利润，后者只获得10个单位的利润。在这种情况下，机器制造部门的资本就会撤出来，转移到利润率高的食品部门中去。这样，机

器制造部门的产量缩小，而食品部门的产量增大。这时，利润率高的部门由于进入新的资本，劳动生产率就会提高，产品价值就会下降，从而使得它的利润率趋于下降。而利润率低的部门由于撤走了一部分资本，劳动生产率会降低，产品价值趋于上升，从而使得它的利润率上升。这种竞争过程中的资本转移，以及随之带来的利润率变化，要持续到不同部门的利润率大体平均才告结束，结果是形成了一个平均利润率，满足了等量资本获得等量利润的要求。通过竞争过程引起资本转移进而形成的平均利润率，应该等于社会剩余价值总量和社会预付总资本的比率，用公式表示就是：

平均利润=预付资本×平均利润率

继续表5.1的分析，假设社会总资本为300单位，社会剩余价值总量为60单位，平均利润率为20%，三个部门各投入资本100个单位。现在，由于利润平均化，三个部门各自获得20个单位的平均利润。其中，生产价格等于预付资本总量加上平均利润。我们用表5.2说明。

表5.2 **平均利润率、生产价格**

生产部门	资本总量、结构	剩余价值	商品价值	生产价格	利润率	平均利润率	平均利润	价格与价值差	平均利润与剩余价值差
Ⅰ	$70c+30v$	30	130	120	30%	20%	20	−10	−10
Ⅱ	$80c+20v$	20	120	120	20%	20%	20	0	0
Ⅲ	$90c+10v$	10	110	120	10%	20%	20	+10	+10
合计	$240c+60v$	60	360	360	20%	20%	60	0	0

从表5.2可以看出，平均利润率形成以后，各部门生产价格与商品价值不一致了，剩余价值与平均利润也不相等：有机构成低的部门（Ⅰ）生产价格低于价值，平均利润小于剩余价值；有机构成高的部门（Ⅱ）生产价格高于价值，平均利润大于剩余价值；有机构成同社会资本平均有机构成一致的部门（Ⅲ）生产价格等于价值，平均利润等于剩余价值。从社会资本总额角度来看，高低相抵，一部门所失正为另一部门所得，价格同价值一致，剩余价值与平均利润相等。到此为止，前面提出的矛盾解决了。平均利润率形成后，既实现了等量资本获得等量利润的要求，又没有违反商品价值的有关规律。平均利润率形成的过程就是不同部门资本家重新分配剩余价值的过程。

平均利润率的高低，主要取决于两个因素：一是各部门的利润水平，二是社会总资本在不同部门中所占的比重大小。社会资本投入有机构成低的部门比重越大，平均利润率越高，反之则越低。这表明，平均利润率不是各部门不同利润率的简单平均，而同社会总资本在不同部门中所占比重大小有关系。

最后还需说明的是，平均利润率的概念并不意味着在社会中总是会出现绝对平均的利润率。而只是说，各部门之间纵然存在利润率差别，但从长期来看，如果没有其他的变动，如果资本能够自由转移，这个差别应该消失。

既然平均利润等于预付资本乘以平均利润率，所以平均利润的变动就取决于预付资本的变动和平均利润率的变动了。预付资本的变动是由投资决策和投资活动（资本积累）所决定的。而平均利润率的变动取决于总剩余价值量和社会总资本量的比率。在剩余价值量一定时，只有当总资本中的不变资本和可变资本价值量发生变化，平均利润率才会变化；当总资本量不变时，只有剩余价值量的变动才引起平均利润率的变动，而剩余价值量的变动不过意味着工人在剩余劳动时间内创造的价值变化，仍是由价值变动引起的。由此可见，生产价格是在价值的基础上形成和运动的。

从全社会角度看，商品生产价格总额和价值总额是相同的。个别部门产品的生产价格可以高于或低于价值，其差额也就是平均利润同剩余价值的差额。但是，一些部门平均利润多于剩余价值的部分，正是另一些部门平均利润少于剩余价值的部分，平均利润总额和剩余价值总额是相等的。正因为如此，生产价格总额和价值总额也就是相等的。这就更加清楚地说明，价值是生产价格的基础，生产价格只是价值的一种转化形式。

二、平均利润率对资本主义经济关系的进一步掩盖

平均利润率形成和利润转化为平均利润后，剩余价值和利润之间在数量上不再相等了。这进一步掩盖了资本主义利润的剩余价值本质。前面我们已经说明，剩余价值转化为利润，掩盖了剩余价值的真实来源，使利润表现为预付总资本的产物，掩盖了可变资本才创造剩余价值的事实。但这种转化只是性质上的转化，整个部门的利润量同剩余价值量仍然相等。在平均利润率形成和利润转化为平均利润后，剩余价值与利润之间不仅在性质上，而且在数量上也有了差别。各个部门的利润量都与本部门的总资本量成正比，而不等于本部门的剩余价值量了。不同资本按照平均利润率获得利润，等量资本获得等量利润。这样，利润无论是在性质上，还是在数量上，都表现为全部预付资本的产物了。利润的本质和来源被完全掩盖起来，资本对雇佣劳动的剥削关系看不见了，利润只表现为资本自身的产物。总之，平均利润率使得资本主义经济关系的实质进一步模糊了。

第三节 价值转化为生产价格

一、生产价格是价值的转化形式

随着平均利润率形成，利润转化为平均利润，许多生产部门所得到的利润与本部门生产出来的剩余价值在数量上出现了差别，有些部门获得的利润高于剩余价值，有些部门的利润低于剩余价值。这样，这些部门的商品价格便与其价值不一致了。商品价格不再简单地由劳动价值决定。现在，商品以生产成本加平均利润所构成的价格出售。这种由商品的生产成本和平均利润所构成的价格，叫作生产价格。因此，随着利润转化为平均利润，价值便转化为生产价格。

在平均利润率的作用下，价值转化为生产价格，使各部门的经济利益关系不再按照价值来分配：资本有机构成高的部门，其产品的生产价格高于价值；资本有机构成低的部门，如食品加工业，其产品的生产价格低于价值；只有资本有机构成相当于社会平均资本有机构成的部门，如纺织业，其产品的生产价格才和价值大体相等。

上述差别并不意味着生产价格脱离了价值，相反，它是以价值为前提，是由价值转化而来的。这是因为：第一，生产价格是在价值的基础上形成的。价值之所以会转化为生产价格，只是由于剩余价值按照资本量的大小在各部门平均分配而形成。所以，价值是生产价格的基础，生产价格是价值的转化形式。从平均利润形成来说，它不过是剩余价值在各个部门之间重新分配的结果，因此实质依然是剩余价值。

二、价值转化为生产价格后价值规律作用的形式和超额利润

价值转化为生产价格后，价值规律作用的形式发生了两个变化：一是商品的交换不再以价值而是以生产价格为基础进行；二是市场价格不再围绕价值而是围绕生产价格上下波动。价值规律作用形式的这种变化，是由于受到平均利润率规律的影响。在资本主义以前的简单商品经济中，商品是一直按价值出卖的，交换双方生产商品时消耗的劳动都得到补偿。在资本主义社会，按照平均利润率规律的要求，商品不按价值出售，而按生产成本加平均利润，即按生产价格出售。这一要求作为一种客观的必然趋势加以贯彻，使生产价格成为商品交换的基础。所以，价值规律现在不是直接通过价值，而是通过生产价格起作用。市场价格以生产价格为中心，受供求关系的影响而上下波动。值得注意的是，生产价格的量纲还是劳动时间，而市场价格的量纲是一个国家的货币单位。

生产价格形成后，各部门之间的利润率趋于平均化。但是，这并不排除各部门中各个企业之间利润率的差别。这是因为资本主义的竞争并不会是完全的。比如，不同部门需要的专业知识不同，对某一部门的产品的价值认定也并不一定是稳定的，资本家撤出资本并不是那么方便，都会阻碍资本的流动。这就使得不同部门的利润率可以在一定时期不同。但是，尽管存在阻碍资本流动的因素，但是我们还是可以观察到大量的资本流动。所以，我们可以把平均利润率看作一个理想的极限情况。

即使在平均利润率形成后，依然会有个别企业生产条件优越，劳动生产率比较高，生产了超额剩余价值。超额剩余价值不会由于部门竞争而平均化，部门之间的竞争只是使不同部门的利润平均化。这样，超额剩余价值就会转化为超额利润，从而多多少少打破平均利润率的格局。在价值转化为生产价格以后，超额利润是个别生产价格低于社会生产价格的差额，资本家之间为获取超额利润不断进行部门内部的激烈竞争。

【阅读材料】

一个国家如何获得高利润率①

获得高利润率是许多国家的梦想。高利润率的获得必须依靠发展高新产业。对于农业国家而言，这就意味着发展制造业。但发展制造业本身就是一个系统工程，需要供应链、渠道、研发、管理、市场、物流、营销、仓储等综合能力的提升。经过近70年的发展，中国已经成为全球唯一一个横跨高中低端的超级工业大国。中

① 本部分的资料参考了宁南山：《从系统设计到零部件国产化——中国制造升级路线图》，http://mp.weixin.qq.com/s/Xr8PP7c-H4RtydywWrGm9A。

国人均制造业产值（注意是制造业而不是工业，制造业不包含采矿业、热水、燃气等）已经显著超过发展中国家，呈现大幅领先的态势。和进入了世界经济20强的发展中国家比，2015年人均制造业产值，中国是墨西哥的1.46倍，是土耳其的1.3倍，是俄罗斯的2.01倍，是巴西的2.69倍，是印度的9.9倍，是印尼的3.4倍。世界经济第20名的经济总量只有中国的5%多一点，所以与这以外的国家比较意义不大，也就是与世界主要的发展中国家比，我们的人均制造业产值已经是他们的1.3~10倍。

同时我国人均制造业产值已经达到了美日德发达国家工业三强的三分之一左右。以2015年为例，我国人均制造业增加值是美国人均的35.5%，是德国人均的27.8%，是日本人均的33.4%。单看制造业的话，格力净利润，2017年约为29.63亿美元，只比丰田、日产和本田略少。根据董明珠在2017年6月"第三届中以科技创新投资大会"的演讲，格力空调已经占领全球30%的市场份额。我国的支线民航客机ARJ21于2002年立项，2015年底交付，到现在已经商业飞行两年多了，日本的支线民航客机MRJ于2003年立项，还要等到2020年才能交付。

我们现在的短板是，高端产业上份额还不够高，我们目前不能制造的东西还很多，还需要不断补强。

第四节 资本主义的经济危机

至此，我们已经基本完成对资本主义产业资本运行机理的分析了。这时，就产生了一个问题。资本主义是否会在上述机理作用下永远地运动下去呢？答案是否定的。资本主义会周期性地出现危机，即破坏既有资本的危机，是资本主义再生产无法进行下去的危机。这何以可能呢？

一、平均利润率递减规律

在月工资（W）和工作日已定时，一个月的可变资本就代表着一定数目的工人。假如这个资本为100，工人人数就等于100/W。不妨设W=1，于是就有100个工人。在一个月里，在工作日已定（如每天工作8小时，每周工作5天）时，在平均的劳动强度下，假设没有劳动生产率的提高，他们所能生产出的价值是给定的。再假设他们都是代表性劳动者。于是，每个人每个月的劳动价值就是160小时（=5×8×4）。如果我们假设他们所完成的必要劳动和剩余劳动一样多，他们生产的剩余价值就是80。但是这个剩余价值率由于不变资本c的大小不等，从而由于总资本C的大小不等，会表现为极不相同的利润率，因为利润率=m/C。假定剩余价值率为100%：

$$p = \frac{m}{c+v} = \frac{m/v}{c/v+1} \tag{5.3}$$

其中，m/v代表剩余价值率，c/v代表资本有机构成。m/v是一个在一定时期内相当稳定的数值。对于整个国家而言，在很长的一段时期，它更是有一个上限。100%的剩余价